안용복
재판정
참관기

안용복 재판정 참관기

330년 전, 울릉도·독도를 놓고 벌인 조선 어부의 국제 소송전!

초판 1쇄 발행 2024년 10월 31일

엮은이	김흥식
그린이	위수연
펴낸이	이영선
책임편집	이민재
편집	이일규 김선정 김문정 김종훈 이민재 이현정
디자인	김회량 위수연
독자본부	김일신 손미경 정혜영 김연수 김민수 박정래 김인환

펴낸곳 서해문집 | 출판등록 1989년 3월 16일(제406-2005-000047호)
주소 경기도 파주시 광인사길 217(파주출판도시)
전화 (031)955-7470 | 팩스 (031)955-7469
홈페이지 www.booksea.co.kr | 이메일 shmj21@hanmail.net

ⓒ 김흥식·위수연, 2024
ISBN 979-11-92988-94-8 43910

안용복 재판정 참관기

330년 전
울릉도·독도를 놓고 벌인
조선 어부의 국제 소송전!

김흥식 엮음
위수연 그림

서해문집

안용복 재판정 방청을 위한
몇 가지 안내

첫째, 형사재판 민사재판 국제재판

재판에는 여러 종류가 있는데, 대표적인 것이 형사재판과 민사재판이다.

형사재판에서는 범죄를 저지른 사람을 절차에 따라 처벌한다. 이때 살인이나 강도, 폭행에서부터 명예훼손, 가게에서 사탕 하나를 훔쳤을 때 적용되는 절도에 이르기까지 공공의 이익을 해치는 행위를 범죄로 규정하고 그에 합당한 처벌을 정해놓은 법률을 형법이라고 한다. 또한 그 형법을 올바르게 적용하는 절차를 정해놓은 법률을 형사소송법이라고 한다. 형사재판은 수사기관(경찰·검찰)

에서 범죄 용의자를 수사해 재판에 넘기는 걸로 시작된다. 형사재판정의 주요 등장인물은 넷이다. 범죄를 저지른 피고인, 그 피고인의 죄를 입증하고 처벌을 요구하는 검사, 법률 전문가인 검사에 맞서 피고인을 돕는 변호인, 마지막으로 유무죄와 형량을 결정하는 재판관.

민사재판에서는 범죄와 별개로 개인이나 법인(기업·단체 등) 간 관계에서 이해 충돌이 발생할 때 그 시시비비를 가린다. 타인의 행위로 권리를 침해당하거나 손해를 입은 경우 그에 대한 배상을 결정하는 것도 민사재판의 영역이다. 민사재판은 민법·상법과 민사소송법에 따르며, 권리를 침해당한 쪽에서 소송을 제기하는 걸로 시작된다. 민사재판정의 등장인물로는 소송을 제기한 원고, 소송 상대자인 피고, 양측을 돕는 소송대리인(변호사), 그리고 판결을 내리는 재판관이 있다.

이와 별개로 국가 간의 다툼을 국제법에 따라 판단하는 재판도 있다. 이를 담당하는 것은 유엔UN 산하의 국제사법재판소ICJ로, 영토분쟁이나 무역갈등 등을 다루는 국제재판정의 주역은 분쟁 당사국과 각 대륙에서 선출된 15인의 재판관이다.

둘째, 안용복 재판정의 특징

오늘 우리가 방청하게 될 '안용복 재판정'은 이 셋 모두에 해당한다. 330년 전의 조선 어부 안용복은 도합 세 차례의 재판을 치른다. 첫 번째는 울릉도가 일본 땅이라고 주장하는 일본인들에게 끌려가 받은 형사재판으로, 이때 안용복은 일본 영해를 침범한 피고인 신분이었다.

두 번째는 반대로 안용복이 울릉도·독도가 조선 영토임을 주장하며 직접 일본에 건너가 제기한 소송이다. 이 재판은 조선의 바다에서 무단 조업한 일본 어민을 문제 삼았다는 점에서 민사재판이며, 동시에 울릉도·독도 영유권(영토 관할권) 문제를 공론화했다는 점에서 국제재판의 성격을 띤다. 안용복은 소송 당사자로서 원고이자, 조선의 영유권을 변호하는 소송대리인 역할을 겸했다.

세 번째는 귀국 후 조선에서 받은 또 한 번의 형사재판이다. 고국의 법정에서 안용복은 정부의 허락 없이 일본으로 건너가 외교적 소동을 일으킨 혐의로 극형에 처해질 위기에 몰린다.

물론 17세기의 재판을 현대 재판과 일대일로 견주기는 힘들다. 당시엔 오늘날과 같은 정교한 사법절차가 없었고, 안용복은 변호인의 조력을 비롯해 온전한 법적 권리를 누리지도 못했다. 심지어 안용복이 제기한 두 번째 소송은, 그로 인한 파장을 두려워한 일본 지방-중앙 정부의 결탁으로 재판정까지 가지도 못한 채 원고를 추방하는 걸로 마무리된다. 따라서 재판을 '법적 다툼을 해결하기 위해 재판권을 가진 법원(법관)이 절차에 따라 내리는 판단'이라고 사전적으로만 해석한다면, 안용복 재판정은 오늘날의 법정과는 적잖은 거리가 있다.

그러나 재판을 그 본질, 즉 '인간 세상의 자초지종을 따져 옳고 그름을 밝힌다'는 의미로 본다면 이런 차이는 사소한 것이다. 안용복은 영해 침범 혹은 국경이탈죄로 각각 일본인과 조선 정부에 납치·체포되고, 조사와 신문을 거쳐 석방되거나 유배형을 받았다. 그 과정에서 울릉도의 영유권이 조선에 있다는 근거를 제시하며 직접 소송을 제기해 조-일 간 영토문제 해결에 크게 기여한다. 다시 말해 본질적 측면에서 안용복 재판정은 현대의 법정과 다르지 않다. 나아가, 본문에서 다루겠지만, 안용복 개인의 행위로 시작된 첫 번째 재판은 개인에 대한 처분이 아니라 울릉도의 영유권에 대한 결정으로 마무리된다. 이런 결과는 효력이 단일 사건에 한정된 현대 법정의 한계를 뛰어넘은 안용복 재판정의 빛나는 성취라고 할 수 있다.

셋째, 안용복은 누구인가?

안용복은 조선 후기의 인물로 동래부(부산) 출신이다. 생몰연대는 불명이다. 다만 일본의 기록에 따르면 1650~1660년대생으로, 사건 당시엔 30대 중반~40대 초반으로 추정된다. 직업은 군함에서 노를 젓는 군사이자 어부였다. 일본 자료에는 그가 사노비의 호패(신분증)를 지녔다고 남아 있지만, 일본어 소통이 가능했던 점이나 사건 전후의 행적을 감안할 때 곧이곧대로 믿기는 어렵다.

안용복이 일본에 건너간 것은 두 차례다. 첫 번째 도일渡日(일본으로 건너감)은 1693년의 일로, 전복과 미역을 캐기 위해 울릉도에 갔다가 그곳이 일본 땅이라고 주장하는 일본 어선에 납치된 것이다. 돗토리번-나가사키-쓰시마번을 거치며 반년간 조사·신문을 받은 안용복은 그해 겨울 조선으로 송환된다. 1696년의 두 번째 도일은 앞서와 달리 안용복 스스로 감행한 일이다. 1차 도일 과정에서 울릉도가 조선 땅임을 확인한 그는 나름의 목적을 갖고서 일본에 재판을 청구하지만 뜻을 이루지 못한 채 조선으로 추방된다. 조선 조정은 안용복을 국경이탈죄 등으로 처벌하면서도, 이 사건을 계기로 울릉도·독도의 영유권을 분명히 하게 된다.

《안용복 재판정 참관기》는 이 두 차례 도일로 인해 일본과 조선에서 벌어진 세 번의 재판 이야기다. 앞서 소개했듯 안용복은 각각의 법정에서 피고인이자 원고이며, 조선의 소송대리인으로 활약한다. 주목할 대목은 그가 국정의 책임이 있는 고위 관리거나 하다못해 사회지배층인 양반 신분도 아니었다는 점이다. 눈에 띄는 민족의식을 보인 기록도 없다. 안용복은 그저 조선 바다의 어부로서 사리에 따라 행동하고 상식에 맞춰 주장했다. 이방인으로서 일본 주민들과 식량과 물품을 나누는 인정을 보였고, 도움을 받으면 예를 갖춰 감사할 줄 아는 사람이었을 뿐이다. 이런 안용복의 태도와 활약상은 오늘날 독도문제에서 시민사회의 역할에 대해 적잖은 생각거리를 던져준다.

넷째, 재판정에 인용된 자료에 관해

안용복 재판정은 오늘날처럼 정돈된 자료가 남아 있지 않기에 여러 역사서에 흩어진 기록을 재구성하는 방식을 취한다. 주요 문헌은 다음과 같다.

《조선왕조실록》

1392~1863년까지 조선의 역사를 기록한 책으로, 이 재판정에선

사건 당시의 기록이 담긴《숙종실록》과 이후 조선의 울릉도 정책이 언급된《영조실록》을 인용한다. 그 밖에《승정원일기》《지봉유설》《동국여지승람》등에서도 관련 사건을 다루고 있지만, 이 책의 핵심은 안용복의 행적이기에 따로 인용하지 않는다.

《원록각서元祿覺書》(1696)

원제목을 풀어쓰면 '원록 9년(1696) 조선 배가 해안에 도착한 내용을 기록한 한 권의 각서'로, 당대 일본의 공문서다. 1696년 안용복의 2차 도일 당시 조사를 맡은 오키국 관리가 작성한 것으로 안용복 일행이 일본에 건너온 까닭, 인적사항과 소지품, 조사 내용 등이 상세히 수록되어 있다. 특히 안용복이 제출했다는 문건 가운데는 울릉도·독도가 조선의 강원도에 속한다는 기록이 존재한다.

《죽도기사竹嶋紀事》(1726)

본래 일본에서는 울릉도를 죽도竹島(다케시마)로, 독도를 송도松島(마쓰시마)라고 불렀다. 오늘날처럼 독도를 죽도라고 칭한 것은 1800년대 중반 이후의 일이다. 따라서 안용복 재판정에선 '죽도=울릉도'라는 점을 유념해야 한다. 또한 이 무렵 조선과 일본의 기록에 독도가 언급되는 경우가 드물다. 당시엔 울릉도와 독도를 한 묶음으로 취급했기 때문이다.

《죽도기사》는 일본-조선의 외교·통상을 전담한 쓰시마번에서 안용복 사건의 전말을 비롯해 죽도에 관한 기록을 취합한 방대한 자료다. 그 당시 막부(중앙정부)와 지방정부 사이에 오간 온갖 서한이 망라되어 있다.

《죽도고竹島考》(1828)

제목은 '죽도를 생각한다'라는 뜻으로, 돗토리번의 가신 오카지마 마사요시岡嶋正義가 편찬한 책이다. 돗토리번은 당시 울릉도·독도와 가장 가까운 일본의 지방정부였다. 이 책은 울릉도·독도의 영유권 문제가 해결되고도 100년이 훌쩍 지난 시점에 출간되었는데, 돗토리번의 일원으로서 두 섬에 대한 아쉬움이 작용한 것으로 보인다. 편찬자의 의도와 별개로 안용복 사건을 살피는 데 도움이 될 자료가 풍부한 책이다.

《의죽도각서礒竹嶋覺書》(1875)

《죽도기사》를 바탕으로 일본 메이지 정부의 관리 나카무라 겐키中村元起가 발간한 자료집. '의죽도'는 죽도의 다른 이름으로, 역시 울릉도를 가리킨다. 이 당시 (오늘날에도 독도가 일본 영토라고 주장하는) 시마네현이 정부에 죽도와 송도의 관할이 어느 나라인지를 물었고, 이에 일본 정부가 두 섬의 역사를 확인하기 위해 이 자료집을 만든 것으로 보인다.

〈메이지 10년 내무성 공문〉(1877)

메이지 10년, 즉 1877년에 일본 내무성이 수령-작성한 공문 가운데에도 울릉도와 독도에 관한 자료가 있다. 내무성은 중요한 국가적 판단을 내리기 전에 당시 최고 통치기관인 태정관에 문의하고 그 결정에 따랐는데, 두 섬에 대한 결정적 문답이 자료로 남아 있다.

이 밖에 법정 재현을 위해 검토한 다양한 자료들은 책 뒤의 〈참고문헌〉에 기재한다.

'재판정 참관기 시리즈'가 모두 그러하듯, 이 책은 양측 주장의 옳고 그름을 판단하지 않는다. 그건 오롯이 독자 여러분의 몫이다. 다만 이 책은 울릉도·독도를 둘러싸고 벌어진 안용복의 일대기와 그의 재판 과정을 최대한 객관적이되 재미있게 재구성함으로써 독자의 판단을 도울 뿐이다.

자, 그럼 지금부터 330년 전 안용복 재판정에 입장해보자. 사건의 시작은 동해에서도 가장 변덕스런 날씨로 유명한 울릉도 앞바다다.

안용복
납치사건의
나비효과

첫 번째 재판

안용복의 1차 도일 및 재판 과정

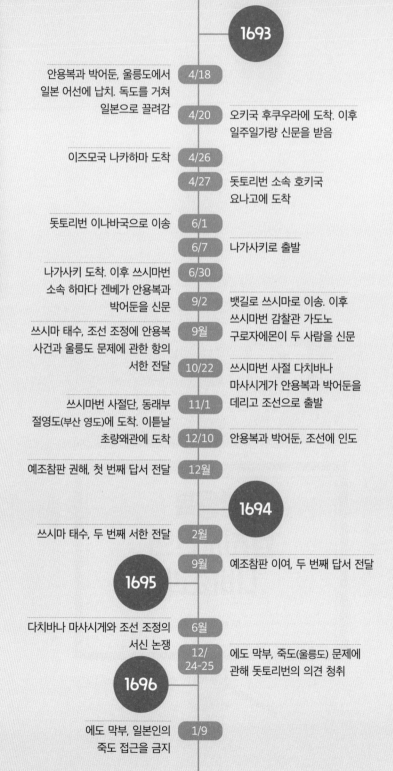

1693

4/18 안용복과 박어둔, 울릉도에서
일본 어선에 납치. 독도를 거쳐
일본으로 끌려감

4/20 오키국 후쿠우라에 도착. 이후
일주일가량 신문을 받음

4/26 이즈모국 나카하마 도착

4/27 돗토리번 소속 호키국
요나고에 도착

6/1 돗토리번 이나바국으로 이송

6/7 나가사키로 출발

6/30 나가사키 도착. 이후 쓰시마번
소속 하마다 겐베가 안용복과
박어둔을 신문

9/2 뱃길로 쓰시마로 이송. 이후
쓰시마번 감찰관 가도노
구로자에몬이 두 사람을 신문

9월 쓰시마 태수, 조선 조정에 안용복
사건과 울릉도 문제에 관한 항의
서한 전달

10/22 쓰시마번 사절 다치바나
마사시게가 안용복과 박어둔을
데리고 조선으로 출발

11/1 쓰시마번 사절단, 동래부
절영도(부산 영도)에 도착. 이튿날
초량왜관에 도착

12/10 안용복과 박어둔, 조선에 인도

12월 예조참판 권해, 첫 번째 답서 전달

1694

2월 쓰시마 태수, 두 번째 서한 전달

9월 예조참판 이여, 두 번째 답서 전달

1695

6월 다치바나 마사시게와 조선 조정의
서신 논쟁

12/24-25 에도 막부, 죽도(울릉도) 문제에
관해 돗토리번의 의견 청취

1696

1/9 에도 막부, 일본인의
죽도 접근을 금지

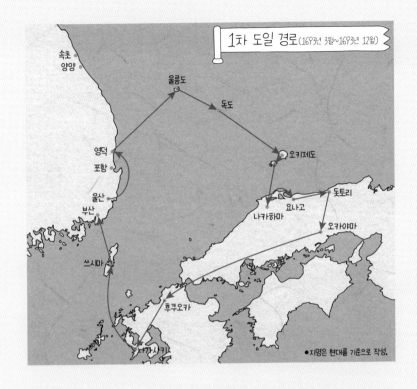

1차 도일 경로(1693년 3월~1693년 12월)

●지명은 현대를 기준으로 작성.

법정 개정에 앞서, 안용복이 동해를 건너기 전 울릉도
근해의 상황을 정리해보자. 17세기 초, 일본의 두 어부 오야
진키치大谷甚吉와 무라카와 이치베村川市兵衛는 고기잡이에
나섰다가 우연히 울릉도에 당도한다. 그 무렵 에도 막부(일본
중앙정부)는 외국 영해에서의 조업을 금지하고 있었다. 그러나
두 사람은 당시만 해도 무인도였던 그 섬을 처음 발견한
것이라 주장했고, 이를 근거로 울릉도 근해에서의 조업 허가를
받아낸다. 1618~1625년경부터 두 어부의 집안은 돌아가며
울릉도 인근으로 고기잡이를 나갔고, 그곳에서 채취한 전복을
돗토리번鳥取藩에 헌상했다.

사건의 배경

◇◇◇◇◇◇◇◇◇◇◇◇◇◇◇◇◇◇◇◇

1692년의
울릉도 상황

1692년 울릉도에 건너가 고기잡이할 차례는 무라카와 집안이었다. 스물한 명의 어부를 태운 무라카와 일가의 배는 2월 11일 호키국伯耆国 요나고米子를 출발해 오키국隱岐国 후쿠우라福浦에 정박했다. 한동안 그곳에 머문 일행은 3월 24일 다시 출항했고, 이틀 뒤인 26일 울릉도 옆 작은 섬에 도착해 배를 묶는다.

이튿날 아침, 노를 저어 울릉도로 접근하던 무라카와 일행은 두 척의 외국 선박을 발견한다. 작은 배는 정박 중이었고, 큰 배는 바다에 있었다. 서른 명가량이 탄 그 배는 점점 가까이 오다가 무라카와의 어선 옆을 지나쳐갔다.

한편 해변에서는 어느새 외국인(조선인) 두 명이 나타나 정박해둔 작은 배에 올라 노를 젓기 시작했다. 무라카와 일행은 두 사람을 붙잡아 자신들의 배에 옮겨 태웠다.

"어느 나라에서 왔나?"

무라카와가 묻자, 둘 중 한 사람이 일본어로 답했다.

"조선에서 왔소."

"본래 죽도(울릉도)는 대일본국 장군께서 우리에게 내려주신 곳으로, 오래전부터 우리가 고기잡이하던 곳이다. 그런데 너희들은 함부로 이곳에 건너와 우리 조업을 방해하고 있다. 한시바삐 이곳에서 떠나라."

그러자 일본어를 할 줄 아는 조선인이 말했다.

"이곳 북쪽에 작은 섬 하나가 있는데, 우리 임금께서는 3년에 한 번 그 섬의 전복을 잡아 바치도록 명하셨소. 올해도 배 수십 척이 전복 채취에 나섰는데 폭풍을 만났소. 표류 끝에 다섯 척만 살아남아 이 섬에 도착한 게 며칠 전이오. 다행히 이곳 해안에도 전복이 많아서 지금까지 조업을 하고 있는 것이오. 표류하면서 배도 여기저기 부서졌는데, 수리하는 대로 돌아갈 예정이오. 당신들도 배를 해안가에 대시오."

일본인보다 숫자가 많은 조선 어부들은 아무 일 없다는 듯이 행동했다. 무라카와 일행 중 몇몇이 작은 배를 타고 상륙해 이곳저곳을 살펴보았다. 지난가을 작은 헛간에 두고 온 고기잡이배 여덟 척과 각종 도구가 하나도 보이지 않았다. 어떻게 된 것이냐고 따지자 조선인이 대수롭지 않다는 어투로 말했다.

"우리 동료들이 고기잡이에 사용했소. 별일 아니니 먼저 배부터 대시오."

조선인들의 속내가 미심쩍었던 무라카와 일행은 두 사람만 울릉도에 내려놓았다. 그 대신 그들이 꿰어놓은 전복 일부, 갓과 망건 하나씩, 메주 한 덩어리를 물증 삼아 챙긴 후 그날 오후에 닻을 올렸다.

무라카와 일행은 이와미국石見国 하마다濱田浦와 이즈모국出雲国 구모쓰雲津를 거쳐, 4월 5일 요나고에 복귀한다.

사건 발생

◇◇◇◇◇◇◇◇◇◇◇◇◇◇◇◇◇◇◇◇◇◇

조선의 어부들,
일본에 납치되다

이듬해 조업은 오야 집안의 차례였다. 스물한 명을 태운 오야의 배는 2월 15일 요나고를 출발해 이틀 뒤 이즈모국 구모쓰에 도착했다. 3월 2일 다시 출발한 배는 순풍을 타고 오키국 후쿠우라를 거쳐 4월 17일 울릉도에 다다른다.

출항 전 작년의 사건을 전해들은 오야 일행은 닻을 내리지 않은 채 몇 사람을 먼저 보내 섬을 정탐했다. 해안가엔 적지 않은 전복과 미역이 건조 중이었다. 버려진 짚신도 있었는데, 생김새가 일본 것과는 달랐다. 조선인이 건너온 게 분명했다.

이튿날 아침, 오야 일행 중 일곱 명이 조각배를 타고 정찰을 계속하다 서쪽 포구에서 배 한 척을 발견한다. 가까이 다가가자 임시로 지은 집이 보였다. 많은 양의 전복과 미역이 눈에 띄었고, 한 사

람이 머물고 있었다.

　그에게 여러 가지를 물었지만, 말이 통하지 않았다. 오야 일행은
그를 배에 태워 본선으로 돌아가는 길에 조업 중인 10여 명의 또
다른 조선인 무리와 마주한다. 그 가운데 일본어를 할 줄 아는 이가
있어, 그와 또 다른 한 사람을 배에 태웠다. 앞서 데려온 조선인은
풀어주었다. 본선에 옮겨 탄 뒤, 그들에게 왜 이곳에 왔는지 자세히
물었다. 그러자 일본어를 아는 자가 말했다.

"나는 조선국 경상도 동래부 출신으로, 안용복이라고 하오. 나이는 마흔둘이오. 이 사람은 울산 출신으로 이름은 박어둔, 서른네 살이외다. 올해 나라에서 전복을 잡아 올리라는 명을 받았소. 어떤 섬에서 잡으라는 지시는 없었지만, 지난해 이 섬에 왔던 이들이 전복과 미역을 많이 잡았기에 우리도 이곳을 조업지로 삼았소이다."

"이곳엔 몇 척이나 왔느냐?"

"세 척이오. 한 척에는 열일곱, 또 한 척에는 열다섯이 탔고, 우리 배에는 열 명이 타서 모두 마흔두 명이 섬에 들어왔소. 작년에도 왔던 이는 넷이오."

이에 오야 일행은 이들을 납치할 계획을 세운다.

"작년에 조선 어부들에게 다시 이곳에 오지 말라고 경고했다. 그런데 올봄에도 우리에 앞서 들어와 어업을 방해하고 있다. 그대로 두면 조선인에게 우리 땅을 약탈당할 것이다. 그러니 두 사람을 끌고 가 전말을 보고하고, 막부의 결정을 받드는 게 좋겠다."

이후 일본으로 끌려간 안용복과 박어둔은 6개월간
다섯 차례에 걸쳐 신문을 받는다. 장소는 순서대로 오키국
후쿠우라, 호키국 요나고, 이나바국, 나가사키, 쓰시마번이다.
각 신문마다 안용복의 진술 내용은 약간씩 다르며, 사실과
차이를 보이기도 한다. 착각 또는 통역의 오류이거나,
의도적 왜곡의 가능성도 있다. 지금부터 주요 신문을 추려
재구성해본다.

울릉도와 독도의 명칭

✦ 울릉도

조선에서는 이 섬을 울릉도 또는 무릉도武陵島·茂陵島로 불렀고, 일본에서는 죽도竹島나 의죽도礒竹島, 기죽도磯竹島 등으로 불렀다.

✦ 독도

조선에서는 독도를 자산도子山島나 우산도于山島라고 했고, 일본에서는 송도松島라고 불렀다.

일본의 행정체제와 지명

✦ 에도 막부幕府

1603~1868년 일본의 최고 통치기관이자 사실상의 중앙정부. 최고 통치자는 정이대장군(쇼군)이다. 초대 쇼군인 도쿠가와 이에야스德川家康의 근거지이자 체제의 중심지가 에도(도쿄)였기에 에도 막부라는 명칭

이 붙었다. 도쿠가와 막부라고도 한다.

✦ 번藩

정이대장군이 하사한 지방의 영지이자 그 지역을 다스리는 지방정부를 가리킨다. 막부와 번을 합쳐서 막번체제라고도 한다. 번을 다스리는 우두머리를 다이묘大名라고 한다. 번에서는 막부에 대리인을 파견해 중앙-지방의 문제와 의견을 공유했다. 안용복 재판정에는 돗토리번과 쓰시마번이 자주 등장한다.

돗토리번: 일본의 서부 해안 지방. 안용복 재판정의 주요 무대인 호키국, 이나바국이 돗토리번의 관할이다.

쓰시마번: 한반도와 가장 가까운 쓰시마섬(대마도) 일대를 관할하며 조선과의 외교 창구 역할을 했다. 1차 도일 당시 안용복에 대한 마지막 신문과 송환 업무를 담당했고, 조선 조정은 물론 막부-돗토리번과 긴밀히 연락을 주고받으며 두 차례의 도일 사건 내내 커다란 영향력을 행사한다.

✦ 국国

번보다 작은 영지로, 대체로 여러 개의 국이 모여 번을 이루었다.

오키국: 오늘날의 오키제도. 울릉도·독도에서 가장 가까운 일본 영토로, 여러 섬으로 구성되어 있다. 안용복 일행을 비롯해 울릉도·독도와 일본을 오가는 이들은 대부분 이 섬을 거친다. 울릉도와는 245km, 독도와는 157km가량 떨어져 있다.

이즈모국: 호키국 남쪽 지역으로 1차 도일 당시 안용복 일행은 오키국에서 이즈모국 나카하마를 거쳐 돗토리번(호키국과 이나바국)으로 이동한다.

호키국: 돗토리번에 속한 곳으로, 안용복은 두 차례 도일 당시 모두 이곳에 머물렀으며, 2차 도일 때는 호키국 태수를 상대로 소송을 제기하기도 한다. 오늘날 독도 문제의 중심인 시마네현이 바로 이 지역이다.

이나바국: 돗토리번의 중심지로 호키국 북쪽에 있다. 안용복 일행은 이곳에서도 신문을 받았다.

구속과 피의자신문

◇◇◇◇◇◇◇◇◇◇◇◇◇◇◇◇◇◇◇◇◇◇◇◇◇◇◇◇◇◇

납치 피해자에서
영해 침범 피의자로

1693년 4월 18일, 오키국 후쿠우라
사건명: 조선 어민의 일본 영해 침범
피의자: 안용복, 박어둔
검사: 오키국 대관

4월 18일 울릉도를 떠난 오야 일행은 이틀 뒤 오키국 후쿠우라에 도착한다. 관청에서 조선인을 끌고 온 전말을 보고하라고 하자 오야 일행의 우두머리가 말했다.

"조선인이 배 안에 있으니 직접 조사해주시기를 청합니다."

이에 오키국의 대관(지방관의 대리)이 그곳 마을 관리를 입회시킨 뒤 이방인들을 불러 신문한다. 문답이 끝나자 관청에서는 두 조선인에게 술과 안주를 내렸다.

오야 일행은 4월 23일 후쿠우라를 출발해 26일에는 이즈모국 나카하마長濱에 도착했고, 이튿날 호키국 요나고로 돌아왔다. 두 조선인은 그곳에 있는 오야의 집에 한 달간 구금되었다가, 6월 1일 요나고 동쪽의 돗토리번 이나바국으로 이송된다. 보기 드문 사건

을 접한 요나고의 성주 아라오荒尾 가문은 이 소식을 돗토리번과
에도 막부에 전한다.

막부의 결정은 '평화적 수습'이었다. 조선인에게 이후로는
죽도에 건너오지 말 것을 단단히 경고한 후, 나가사키를 거쳐
조선으로 송환하라는 취지의 명령을 내린 것이다.
이에 따라 6월 7일, 안용복과 박어둔은 돗토리번을 떠나
나가사키로 향한다. 두 사람은 가마로 호송되었는데, 부녀자와
어린아이들의 구경이 금지되기도 했다. 당시 일본인들
사이에서 안용복이 사납고 포악한 자라는 소문이 돌았기
때문이다. 사절 2인을 비롯해 의사와 군사·하인·요리사 등 10여
명이 동원된 이 호송대는 6월 30일 나가사키에 당도한다.

1차 공판*

"그 섬의 이름은 울릉도"

1693년 7월 1일, 나가사키
사건명: 조선 어민의 일본 영해 침범
피고인: 안용복, 박어둔
검사: 하메다 겐베(쓰시마번의 가신)
통역: 오우라 가구베, 가세 도고로

조선인 2인은 작은 나무패를 달고 있었다. 이에 대해 묻자 안용복이 대답했다.

"호패입니다. 조선에서는 이것이 없으면 사회생활이 어렵습니다. 그래서 은 40목을 내고 이를 구했습니다."

> 공판이란 형사사건을 법원에서 본격적으로 조사하고 따져보는 일을 말한다. 검사·피고인·변호인 등이 제출한 진술 조서와 증거 등을 종합해 재판관이 판단(심리)하는 절차로, 모든 조사와 심리를 마무리하는 것을 결심 공판, 선고를 내리는 것을 선고 공판이라고 한다.

이후 두 조선인은 사건의 전말을 다음과 같이 진술한다.

"우리는 조선국 경상도 동래부 부산포의 안용복, 울산의 박어둔입니다. 전복과 미역을 채취하기 위해 올해 3월 11일 울산에서 출항, 같은 달 25일에 영해(현재의 경상북도 영덕군 영해면. 이하 이 지역은 영

안용복 재판정 참관기
032

안용복의 호패

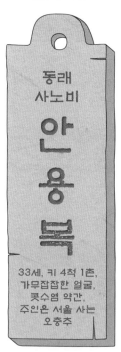

동래
사노비

안 용 복

33세, 키 4척 1촌,
가무잡잡한 얼굴,
콧수염 약간,
주인은 서울 사는
오충추

박어둔의 호패

울산
염간
(소금제조업자)

박 어 둔

30세

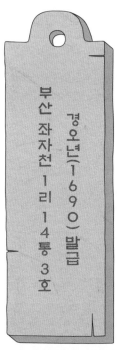

부산 좌자천 1리 14통 3호

경오년(1690) 발급

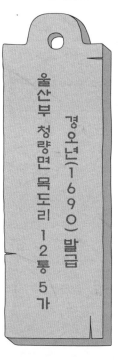

울산부 청량면 목도리 12통 5가

경오년(1690) 발급

덕으로 표기)에 도착했습니다. 이틀 후인 27일 오전에 다시 바다로 나서 그날 오후 울릉도에 이르렀고, 그곳에서 바로 조업을 시작했습니다.

20일가량 지난 4월 17일, 작업하던 바다에 일본인들이 나타나 옷가지 등 보따리를 수거하고, 우리 둘을 붙잡아 배에 태운 후 출발했습니다. 정오 무렵입니다. 돗토리에 도착한 것은 5월 1일입니다.

울산에서 출발한 배에 승선한 인원은 모두 열 명입니다. 그중 아홉은 울산 출신, 한 명은 부산포 출신입니다. 배에서 환자가 하나 생겨 중간에 들른 영덕에 남겨 두고 나머지는 울릉도로 갔습니다. 거기서 우리와 함께 조업하던 다른 조선 어선 두 척 가운데 한 척은 전라도에서, 또 한 척은 경상도 가덕도에서 왔다고 들었습니다. 전라도 배에는 열일곱 명, 가덕도에서 온 배에는 열다섯 명이 타고 있었습니다. 우리는 중간에 잡혀왔기 때문에 그들이 각자 전라도와 경상도로 돌아갔는지, 다른 곳으로 갔는지는 알지 못합니다.

우리가 전복을 채취하러 간 섬을 일본에서 죽도라고 부른다는 사실은 처음 들었습니다. 말씀드렸듯 조선에서는 울릉도라고 부릅니다. 나가사키까지 오는 동안 융숭한 대접을 받았습니다. 베와 무명으로 짠 옷도 고맙게 받았습니다. 자세한 내용은 이나바에서 구두로 진술한 것과 마찬가지입니다. 우리는 늘 '관세음보살'을 암송합니다."

호패 외에 두 조선인의 소지품은 다음과 같다.

-호키국 태수가 조선인에게 지급한 물품

: 무명 홑옷 7, 유카타 1, 보자기 2, 거울 1, 삿갓 1, 무명 손수건 3, 담뱃대 1, 가죽 담배통 2, 허리띠 1, 무명 솜옷 1, 버선 2, 모기장 1

-조선인이 가지고 온 물품

: 무명 겹옷 5, 무명 홑옷 4, 만금단(의약품) 2, 무명 상의 겉옷 1, 무명 하의 솜옷 1, 허리띠 2, 삿갓 2, 버선 2, 단도 1, 선박 통행증명서 3

나가사키에서 신문을 마친 안용복과 박어둔은 두 달 뒤인 9월 2일 뱃길을 통해 쓰시마로 이송된다. 그곳에서 쓰시마번의 가신 가도노 구로자에몬門野九郎左衛門에게 또 한 차례 신문을 받는다.

2차 공판

"우리는 고기 잡으러
울릉도에 갔을 뿐이오"

1693년 9월 4일, 쓰시마번
사건명: 조선 어민의 일본 영해 침범
피고인: 안용복, 박어둔
검사: 가도노 구로자에몬(쓰시마번 대감찰)

우리는 부산포 출신 안용복, 울산 출신 박어둔입니다.

우리 배에는 열 명이 타고 있었습니다. 3월 11일 울산에서 배를 준비해 15일에 출항했습니다. 같은 날 근처에 정박했다가 열흘 뒤 다시 출항, 경상도 영덕에 도착한 것이 3월 25일입니다. 이때 한 사람은 병이 들어 영덕 땅에 남겨두었고, 나머지 아홉 명이 울릉도로 건너갔습니다. 27일 오전에 영덕을 떠나 저녁 무렵에 울릉도에 도착했습니다.

영덕과 울릉도의 거리는 50리(약 200km) 정도로 기억합니다. 울릉도 는 조선의 강원도 동쪽에 있습니다.

중세 일본에서는 1리를 약 4km 로 계산했다.

목지도牧智島(부산 영도)보다 약간 더 큰 섬으로, 산세는 험하고 높습니다. 서식하는 새나 짐승, 물고기 가운데 특이한 것은 없었고, 고양이가 많습니다.

섬에는 작고 오래된 집과 낡은 도구 등이 있었는데, 일본인이 살다 간 흔적이 아닐까 싶습니다. 조선에서 울릉도라고 부르는 그 섬이 조선 땅인지, 일본 땅인지는 모르겠습니다. 이곳에 온 후 일본 땅이라고 하는 이야기를 들었습니다.

함께 있던 배 가운데 한 척은 전라도 순천에서 온 것으로, 열일곱 명이 타고 있었습니다. 또 한 척은 경상도 가덕의 배로 열다섯 명이 타고 있었습니다. 두 척 모두 4월 5일에 울릉도에 왔고, 아는 사람은 아무도 없습니다. 우리가 탄 배에는 쌀 열 포, 소금 세 포를 실었고, 그 외에 실은 물건은 없습니다. 다른 배도 마찬가지입니다.

울릉도에는 전복과 미역이 많다는 소문을 듣고 돈을 벌기 위해 건너갔습니다. 다른 배도 그렇고, 다른 의도는 없습니다. 일본인과 거래를 한 적도 없습니다. 울릉도에 간 것은 이번이 처음입니다. 일행 가운데 한 사람이 작년에 그곳에 다녀와 실정을 잘 알기에 우리도 찾아간 것입니다. 가덕도에서 온 배에도 울릉도에 다녀온 사람이 있다고 들었습니다. 어떻든 몰래 간 것은 아닙니다. 작년에도 울산 사람 스무 명이 다녀왔는데, 그들도 그저 고기잡이를 위해 간 것입니다.* 옛날부터 오갔는지, 요즘 들어 건너가기 시작했는지는 모르겠습니다.

쓰시마번 대감찰에게 신문받는 안용복과 박어둔

울릉도에 머무르기 위해 움막을 지었고, 당번은 박어둔이 맡았습니다. 4월 17일 일본 배가 나타나더니 일고여덟 명이 우르르 뗏목을 타고 상륙했습니다. 그들은 박어둔을 붙잡아 뗏목에 태우고는 움막에 있던 보따리 하나를 함께 실었습니다. 그 모습을 본 저(안용복)도 그를 구하기 위해 뗏목에 올라탔고, 일본 배까지 함께 오게 되었습니다.

4월 22일 오키 지방에 도착했고, 28일에 돗토리로 출발했습니다. 돗토리에는 5월 1일에 도착해 34일간 머물렀습니다. 6월 4일 돗토리를 출발해 그달 말일 나가사키에 도착했습니다. 들르는 곳마다 대접을 잘 받았습니다. 식사는 국 한 그릇에 일고여덟 가지 반찬이 나왔습니다. 나가사키까지는 모두 가마를 타고 왔습니다.

안용복 일행을 조사해 사건의 전모를 파악한 일본은 조선 조정과 외교적 해결을 모색한다. 조선-일본 간 독점적 소통 창구였던 쓰시마번은 이 문제에 민감하게 반응하며 사신을 급파, 조선 조정에 서한을 전달한다. 이로써 안용복 재판정 바깥에 또 하나의 법정이 열리게 된다.

장외 법정 ①

◇◇◇◇◇◇◇◇◇◇◇◇◇◇◇◇◇◇◇◇◇◇◇◇◇◇◇

재판의 판도를 바꾼
쓰시마 태수의 서한

1693년 9월
발신: 일본국 쓰시마 태수 소 요시쓰구
수신: 조선국 예조참판 권해

일본국 쓰시마 태수 소 요시쓰구平義倫가 조선국 예조참판 합하께
글을 올립니다. 깊어가는 가을에 안녕하신지요. 우리는 늘 평온합
니다.

지난해 귀국의 어민들이 본국 죽도에 건너와 어로 활동을 했습
니다. 있어서는 안 될 일이기에 본국의 지방 관리가 나라의 법을 자
세히 알려주고, 다시 건너오지 말라고 단단히 이른 후 돌려보냈습
니다.

그런데 올봄 다시 귀국의 어부 40여 명이 법을 무시한 채 죽도에
와서 고기를 잡았습니다. 이에 관리가 증거 삼아 어부 둘을 인질로
잡아 데려왔습니다. 지방의 책임자는 즉시 자초지종을 막부에 보
고했고, 막부에서는 저희에게 그 두 사람을 맡기면서 조선으로 돌

려보내라는 명령을 내리셨습니다. 바라건대 향후에는 죽도에 조선 어선이 들어오지 않도록 철저히 금지해주십시오.

이는 에도 막부의 명령에 따라 귀국에 알리는 것입니다. 생각건 대 우리 전하께서는 세상 모든 백성을 사랑하시기에, 허물이 있다 해도 널리 감싸 두 어부를 고향으로 돌려보내시는 줄로 압니다. 이 번 사건이 비록 아랫사람들로부터 사사로이 발생했지만, 사실 사 소한 일이 아닙니다. 두 나라 우의에 금이 가지 않도록 하려면, 어 찌 망령된 일을 걱정하지 않을 수 있겠습니까?

하루빨리 먼 포구에 명령을 내려 어민들을 단단히 통제한다면, 두 나라 사이의 화목을 오래 지속하는 좋은 길이 될 것입니다. 이에 다치바나 마사시게橘眞重와 다이라 도모사다平友貞를 통해 두 어 부를 돌려보내는 바, 자세한 내용은 두 사신이 직접 전할 것입니다. 보잘것없는 예물이지만 정성으로 보내 드리니 기쁘게 받아주시기 바랍니다.

삼가 이만 줄이겠습니다.

이 서한에서 쓰시마 태수는 안용복 개인의 국경 침범을 지적하는 데 그치지 않고 울릉도(죽도)의 영유권 문제까지 직접 언급한다. 어떤 의도였든 이런 전략은 안용복 재판정의 쟁점을 확대한 것으로, 이후 재판이 예상 밖의 상황으로 전개되는 계기로 작동한다.

한편 서한을 받아본 조선 조정은 대응책 마련에 고심한다.
《숙종실록》에는 임금과 대신들이 오랫동안 무인도로 방치해온
영토인 울릉도의 가치와 일본과의 관계를 놓고 저울질하는
모습이 담겨 있다.

장외 법정 ②

◇◇◇◇◇◇◇◇◇◇◇◇◇◇◇◇◇◇◇◇◇◇

조선 조정의
울릉도 문제 논의

1693년 11월 18일
참가자: 조선국 국왕 숙종, 좌의정 목내선,
우의정 민암, 접위관 홍중하

계유년(1693) 11월 18일. 접위관(사신을 접대하는 관직) 홍중하가 울릉도의 일로 임금에게 뵙기를 청했다. 좌의정 목내선과 우의정 민암이 배석했다. 홍중하가 아뢰기를, "왜인(일본인)이 가리키는 죽도는 바로 울릉도입니다. 상관하지 않고 내버려둔다면 모르지만, 그렇지 않다면 명확히 판단해야 합니다. 또 왜국(일본)에서 백성을 들어가서 살게 한다면 어찌 뒷날의 걱정거리가 아니겠습니까?"

이에 목내선과 민암이 반대했다. "왜국에서 백성들을 이주시켰는지는 알 수 없습니다. 그러나 지난 300년 동안 비워둔 땅인데, 이제 와서 문제를 일으켜 양국 간 우호를 잃는 것은 좋은 계책이 아닙니다."

이에 임금이 민암 등의 말을 따랐다.

논의를 지켜본 사관(조정의 기록관)은 다음과 같은 평가를
덧붙인다.

　울산의 어부들이 동해에서 표류하다가 섬에 이르렀다. 그들의
말에 따르면 그 섬 위에는 세 봉우리가 하늘에 닿고, 섬 가운데는
수십 호에 이르는 인가의 허물어진 터가 있었다. 대나무와 갈대가
무성하며 까마귀·솔개·고양이·너구리·살쾡이가 많았는데, 왜인들
이 잡아가곤 했다. 그 섬에서 일본 호키국까지는 7일이 걸린다.
　이 무렵 왜국에서 국경을 침범한 죄로 조선 어부들을 처벌해줄
것을 청해왔다. 태종 때 조정의 관리가 배를 타고 울릉도에 들어가
살펴본 뒤 그곳 모습을 기록했는데, 오늘날 어부들이 전하는 말과
그대로 맞아 떨어진다. 이에 사람들 모두 그곳이 울릉도라고 여겼
지만, 오늘 조정에서는 버려둔 땅으로 여겨 권리를 주장하지 않았
다. 이는 잘못된 계책이다.

다만 이후 조선의 반응을 보면 울릉도를 포기한 것은 아니었다.
조선 조정은 쓰시마 태수에게 다음과 같은 모호한 내용의
답서를 보낸다.

쓰시마번과 왜관

✦ 쓰시마번과 안용복 사건

쓰시마번의 우두머리를 조선에서는 대마도주(대마도의 주인)라고 불렀다. 일본에서는 쓰시마 번주 또는 태수라고 불렀다. 번주는 해당 영지(번)의 우두머리라는 신분·계급적 명칭이고 태수는 관직(지방관)을 의미한다. 자료에 따라 제각각인 명칭을 이 책에서는 쓰시마 태수로 통일한다.

1609년 조선과 에도 막부는 '기유약조'를 맺고 임진왜란(1592~1598) 이후 단절된 국교를 회복한다. 그 중심에는 쓰시마번이 있었고, 이후 쓰시마번은 조일 간 외교와 무역을 독점하며 번영을 누려왔다. 그런 쓰시마번에게 안용복 사건은 커다란 위기였다. 쓰시마번 입장에서는 조선인이 자신들을 통하지 않고 일본에서 목소리를 내고 있다는 사실 자체가 예삿일이 아니었던 것이다. 게다가 죽도를 관장하는 돗토리번에서도 이 문제를 막부와 상의하면서 사태는 더욱 복잡해지기 시작한다.

통상 문제에서도 경고등이 울렸다. 당시 조선과의 무역은 일본 경제에서 큰 비중을 차지했는데, 양국을 오가는 공식 무역 선박인 세견선은 쓰시마번이 독점했고, 그 밖에 조선으로 향하는 모든 배와 왜관倭館에서 거래하는 모든 일본 상인 역시 쓰시마번의 허가장을 지녀야 했다. 그런데 안용복 사건으로 동해에서도 조선인과 일본인이 직접 교류한 정황이 감지된 것이다. 물론 그들은 고기잡이만 했다고 항변하지만 울릉도를 중심으로 밀무역이 벌어질 가능성은 얼마든지 존재했다.

이에 쓰시마번은 안용복 사건의 전 과정에 개입하며 자신들의 위상 보전을 위한 행보를 집요하게 이어간다. 조선에는 죽도가 일본의 땅이니 조선인의 접근을 금해야 한다는 논리를 폈고, 막부에는 안용복 사건이 자신들의 관할이며 죽도에서 양국 백성의 상거래를 막아야 한다고 주장한 것이다.

✦ 왜관

왜관은 조선에 설치된 일본인의 거류지이자 외교 사절과 서신이 오가는 통로였다. 일본인과의 상거래 역시 왜관에서만 가능했다. 쓰시마가 바다 위에서 조선-일본을 잇는 매개라면, 왜관은 조선 땅의 쓰시마였다. 안용복 사건을 둘러싼 협상과 서신 교환이 모두 동래(부산)의 초량 왜관을 중심으로 진행되었고, 1차 도일 당시 안용복의 송환도 이곳을 통해 이뤄진다.

조선 초기에는 한양과 경상도의 부산포·제포(창원)·염포(울산)에 왜관이 운영되었다. 경상도의 세 지역을 '삼포'라고 불렀는데, 이곳에서 삼

포왜란(1510)이 일어나기도 했다. 왜관은 임진왜란 이후 모두 폐쇄되었다가, 기유약조를 전후해 동래 두모포에 재건된다. 1678년부터는 초량왜관이 신설되어 외교통상 업무를 전담한다. 초량왜관은 두모포의 10배에 달하는 규모(약 10만 평)로, 쓰시마번 사람들이 머무는 동관과 그밖의 일본 사신들이 묵는 서관으로 구성되어 있었다.

초량왜관. 18세기 동래부 화가 변박의 그림.

장외 법정 ③

<><><><><><><><><><><><><><><><><><><>

조선의 답서

1693년 12월
발신: 조선국 예조참판 권해
수신: 일본국 쓰시마 태수 소 요시쓰구

조선국 예조참판 권해는, 일본국 쓰시마 태수 소 요시쓰구 합하께
답합니다.

사신의 배와 함께 은혜 가득한 서한이 도착하니 참으로 위안이
됩니다. 조선의 국법은 매우 엄해, 어민들이 먼 바다로 나가는 것을
금하고 있습니다. 비록 울릉도가 우리 땅이라 해도 멀고도 멀어 마
음대로 왕래하는 것을 절대 불허하고 있는데, 하물며 그 바깥이겠
습니까. 이번에 조선 어선이 감히 귀국의 죽도에 들어갔는데, 번거
로움을 무릅쓰고 돌려보내며 또 멀리 서한까지 전하는 수고를 하
셨습니다. 이웃의 후의에 참으로 감사합니다.

어민이야 고기잡이로 생업을 삼으니, 간혹 풍랑으로 표류하는
일이 없지 않습니다. 하지만 국경을 넘어 마구 고기를 잡는 행위는

당연히 징계해야 할 것입니다. 범인들은 율법에 따라 죄를 묻고, 이후에는 연해 등에 대한 법을 엄히 적용해 각별히 타이르겠습니다.•

아름다운 선물은 감사히 받았습니다. 변변치 못한 답례를 보내니 부디 이해해주십시오.

이만 줄입니다.

안용복의 신문조서에도 나와 있듯, 조선의 울릉도를 일본인들은 죽도라고 불렀으며 자신들의 땅으로 여기고 있었다. 하나의 섬에 두 개의 이름이 붙고, 두 나라가 제각기 주인 행세를 하는 상황이니 분쟁이 생길 수밖에 없다. 따라서 쓰시마 태수의 서한에는 안용복 사건을 기회로 죽도 관할권을 일본으로 확실히 가져오겠다는 의도와 의지가 숨어 있었다. 반면 당시만 해도 조선 조정은 일본과의 갈등을 원치 않았다. 《숙종실록》의 사관은 이를 영토권에 소극적인 태도로 여겨 비판했지만, 조정은 나름대로 절묘한 유화책을 마련한다. 이른바 2도2명二島二名 정책. 쉽게 말해 (실제와 무관하게) 동해의 지도상에는 두 개의 섬이 존재하며, 당연히 그 명칭 역시

둘(울릉도와 죽도)이라는 뜻이다. 조선 조정 역시 울릉도와
죽도가 같은 곳인 걸 모를 리 없지만, 거주민을 육지로 강제
이주시키면서까지 수백 년간 내버려둔 작은 섬 때문에 일본과
충돌하고 싶지는 않았다. 그렇다고 울릉도에 일본인이
마음대로 접근하거나 들어와 사는 걸 두고 볼 수도 없는 노릇.
2도2명은 그런 상황에서 나온 고육책이다. 즉 울릉도에 대한
조선의 영유권을 분명히 하되, 그와 별개로 지도상에는 두 개의
섬이 존재하는 것처럼 꾸며 울릉도는 조선, 죽도는 일본의
영토로 하자고 제안한 것이다. 따라서 예조참판 권해가 보낸 첫
번째 답서의 핵심은 다음 구절이다.

　　비록 **울릉도가 우리 땅**이라 해도 멀고도 멀어 마음대로 왕래하
는 것을 절대 불허하고 있는데, 하물며 그 바깥이겠습니까. 이번에
조선 어선이 감히 **귀국의 죽도**에 들어갔는데, 번거로움을 무릅쓰고
돌려보내며 또 멀리 서한까지 전하는 수고를 하셨습니다.

이런 제안은 조선의 교섭 상대가 중앙정부인 막부가 아니라
지방의 영주 쓰시마번이기 때문에 가능한 것이기도 했다.
조선과의 외교·통상을 경제의 근간으로 삼은 쓰시마로서는
조선의 이익과 입장을 배려해야 했기 때문이다. 무엇보다

죽도는 쓰시마의 관할도 아니었다. 따라서 2도2명은 쓰시마번이 막부에 그렇게 둘러대면, 조선 조정 역시 그리 이해하고 넘어가겠다는 절충안인 셈이다. 그보다 앞선 11월, 초량왜관에서 안용복·박어둔 송환 협상을 벌인 접위관 홍중하 역시 같은 주장을 폈다.

그러나 쓰시마번은 2도2명을 받아들일 수 없었다. 막부와 관할 지방정부(돗토리번)가 모두 그 섬을 일본 영토로 알고 있었고, 안용복의 진술을 통해 울릉도=죽도라는 사실이 이미 알려졌기 때문이다. 조선의 기대와 달리 쓰시마 태수는 '울릉도'를 언급한 권해에게 신경질적 응답을 남긴다.

장외 법정 ④

◇◇◇◇◇◇◇◇◇◇◇◇◇◇◇◇◇◇◇◇◇◇◇◇◇

쓰시마 태수의 두 번째 서한

1694년 2월
발신: 일본국 쓰시마 태수 소 요시쓰구
수신: 조선국 예조참판 권해

일본국 쓰시마 태수 소 요시쓰구는 조선국 예조참판 합하께 글을 올립니다.

사신이 귀국하자마자 즉시 받들어 여러 번 읽었습니다. 지난번 귀국 어민 가운데 본국 죽도에 들어온 자들을 돌려보낸 바 있습니다. 우리 편지에서는 울릉도를 언급하지 않았습니다. 그런데 귀국의 답서에 울릉도라는 이름이 있으니 영문을 모르겠습니다.

이에 다시 정관 다치바나 마사시게를 파견하니, 다만 울릉이라는 명칭을 지워주시기 바랍니다. 제가 에도(도쿄)로 곧 가야 해서 일일이 말씀드리기 어려우므로 나머지는 사신 편으로 상세히 전하겠습니다.

약소하지만 저희 산물로 정성을 드리니, 부디 즐겨주십시오.

쓰시마번의 두 번째 서한에서 '울릉도'라는 명칭을 지워달라는 요구는 '동해의 그 섬'은 울릉도가 아닌 죽도이며, 이를 일본 영토로 인정해달라는 뜻이다. 조선의 절충안을 거절하며 강경한 태도를 드러낸 것인데, 공교롭게도 이 무렵 조선에서도 정세변화가 일어나 울릉도에 대한 입장을 바꾸게 된다. 1694년 4월, 갑술환국甲戌換局이 일어나 조정의 권력이 남인에서 서인(소론)으로 이동한 것이다. 서인 정권은 남인이 추구한 절충안(2도2명)을 버리고 울릉도가 조선 영토임을 분명히 한다. 그 첫걸음이 1694년 9월, 예조참판 이여가 쓰시마 태수에게 보낸 두 번째 답서다.

장외 법정 ⑤

◇◇◇◇◇◇◇◇◇◇◇◇◇◇◇◇◇◇◇◇◇◇◇

조선의 두 번째 답서

1694년 9월
발신: 조선국 예조참판 이여
수신: 일본국 쓰시마 태수 소 요시쓰구

조선국 예조참판 이여는 일본국 쓰시마 태수 합하께 받들어 답합니다.

사신과 함께 은혜로운 서한이 도착해 참으로 위로가 되었습니다. 우리나라 강원도 울진현에 속한 섬 가운데 울릉도가 있습니다. 동쪽 바다 가운데 있는데, 파도가 험하여 드나들기가 어렵습니다. 그리하여 최근에 그곳 백성들을 육지로 이주시켜 빈 땅으로 만들고, 수시로 관리가 오가면서 살펴오고 있습니다.

그 섬의 봉우리와 숲은 육지에서도 또렷이 보일뿐더러 굽이굽이 산천과 넓고 좁은 지형, 머물던 백성들의 자취, 그곳에서 나는 산물이 모두 조선에서 펴낸《동국여지승람》에 수록되어 있으니, 오래전부터 전해온 말과 기록이 일치합니다.

그런데 이번에 조선의 어부들이 그 섬에 갔다가 뜻하지 않게, 그곳을 침범한 귀국 백성들과 다투게 되었습니다. 그런데도 오히려 우리 어부 두 명을 에도까지 끌고 갔습니다.* 다행히도 귀국 대군께서 사정을 이해하시어 노자까지 넉넉히 주어 돌려보냈으니, 교류하는 이웃의 커다란 정이라 하겠습니다. 그 높은 뜻을 말로 표현하기 어렵습니다.

《죽도기사》에 따르면 안용복과 박어둔은 나가사키를 에도로 알았고, 조선에 송환된 뒤에도 그렇게 진술했다고 한다.

그렇다고 해도 우리 어부들이 고기잡이한 땅은 본래 울릉도로, 대나무가 많아 죽도라고도 합니다. 즉 하나의 섬에 이름은 둘인 셈인데, 이는 우리 서책에만 기록되어 있는 게 아니라 귀국 사람들 역시 잘 아는 사실입니다.

그러한데 이번 서한에서는 죽도가 귀국 땅이라며, 조선 어선이 다시 그곳에 들어가지 못하도록 할 것을 요구하고 있습니다. 그러면서도 귀국 백성이 조선의 국경을 침범하고, 나아가 우리 백성을 잡아간 실수는 언급하지 않았습니다. 이는 성실한 믿음의 도리에 어긋나는 일입니다.

깊이 청컨대 이러한 뜻을 막부에 전해, 귀국 어민들이 울릉도에 임의로 왕래하지 못하도록 조치해주시기 바랍니다. 그리하여 다시 사달을 일으키지 않도록 한다면, 오래도록 좋은 우정을 나눌 수 있

을 것입니다.

아름다운 선물은 감사히 받겠습니다. 변변치 못한 답례를 부디
이해해주십시오.

이만 줄입니다.

이렇듯 새로 들어선 서인 정권이 강경한 대응에 나서면서,
두 나라 사이엔 긴장이 고조된다. 동래에 머물던 쓰시마의
사신 다치바나 마사시게는 조선 조정의 답례품도 거절한 채
'울릉도' 표기를 삭제한 답서를 집요하게 요구했고, 이에 맞서
조선에서도 일본의 주장을 조목조목 반박한다. 《숙종실록》은
당시 상황을 다음과 같이 서술한다.

장외 법정 ⑥

<><><><><><><><><><><><><><><><><><><><>

팽팽한 줄다리기

1695년 6월
참여자: 일본국 사신 다치바나 마사시게, 조선 조정

접위관 유집일이 동래에서 돌아와 쓰시마 사신 다치바나 마사시게의 계속된 답서 수정 요구를 전했다. 이에 영의정 남구만이 말했다.

"왜의 행동이 교활하고 원통하다. 어찌 또 답서를 보낼 수가 있겠는가? 더구나 두 서한의 내용은 동일한 것이니, 앞서의 답장으로 충분하다."

남구만이 이끄는 조선 조정에서 끝내 허락하지 않음에도, 다치바나는 오랫동안 왜관에 머물면서 자신의 요구를 관철시키려 했다. 그러던 중 본국의 명령을 받은 다치바나는 동래부에 편지를 남겼다. 다음 네 가지 질문을 조정에 전해줄 것을 부탁하는 내용이었다.

"첫째, 조선국의 답서에 '수시로 관리가 오가면서 수색하고 살펴오고 있다'고 했습니다. 삼가 살펴보건대 이나바·호키 두 지역의 백성들이 해마다 죽도에서 복어를 잡아 막부에 바칩니다. 그 섬은 바람과 물결이 위험하므로, 날씨가 평온하지 않으면 왕래할 수 없습니다. 귀국에서 실제로 관리를 파견했다면 분명히 바다가 잠잠할 때일 것입니다. 그런데 지난 81년간 일본의 백성들이 그 섬에서 귀국 관리와 만났다는 사실을 보고한 적이 없는데, 이제 와서 '수시로 관리가 오가면서 수색하고 살펴오고 있다'는 게 무슨 뜻인지 알 수 없습니다.

둘째, 조선국의 답서에 '귀국 백성이 조선의 국경을 침범'했다고 했습니다. 살펴보건대 양국이 교류한 이후에 죽도를 왕래하던 우리 어민이 표류하다가 조선 땅에 다다른 일이 있습니다. 그들을 되돌려보내는 일로 귀국의 예조참의가 서한을 보낸 것이 모두 세 차례입니다. 즉 우리 백성이 그 섬에 가서 고기잡이한 것은 귀국이 일찍부터 아는 사실인데, 어찌하여 이전 세 차례의 서신에서는 영해 침범으로 문제 삼지 않았습니까?

셋째, 조선국의 답서에 '하나의 섬에 이름은 둘인 셈인데, 이는 우리 서책에만 기록되어 있는 게 아니라 귀국 사람들 역시 잘 아는 사실'이라고 했습니다. 첫 서신에서는 죽도가 울릉도인 줄 알지 못하고 두 섬에 두 이름이 있다고 생각했다면서, 이번 답서에서는 어찌하여 '같은 섬에 두 개의 이름이 있으며 이는 일본인들도 아는 사실'이라고 말했습니까?

넷째, 살펴보건대 82년 전 쓰시마번에서 동래부에 서신을 보내어 의죽도(죽도)를 조사하는 일을 알렸습니다. 당시 동래 부사가 '그 섬은 바로 조선의 울릉도라는 곳으로, 지금은 비록 황폐하나 어찌 다른 사람들이 함부로 점거하는 것을 허용해 다툼의 빌미를 만들겠는가?'라고 답했습니다. 그런데 78년 전 우리 백성이 그 섬에 고기잡이하러 갔다가 표류하여 귀국 땅에 이르렀을 때 예조참의가 이곳에 보낸 서신에는 '왜인 7인이 관리에게 체포되었는데, 울릉도에 고기잡이하러 왔다가 풍랑을 만나 표류해온 자들이었다. 이에 왜선에 태워 귀국으로 돌려보낸다'고 했습니다. 82년 전의 서신대로라면 78년 전 일본인의 고기잡이를 그냥 넘겼을 리 없습니다. 게다가 오늘의 답서 가운데, '같은 섬에 두 개의 이름이 있으며 이는 일본인들도 아는 사실'이라는 말의 근거가 82년 전 동래부의 답서에 나온 '의죽도란 실은 조선의 울릉도'라고 한 문구입니까? 이를 근거로 삼기에는 82년 전의 서신과 78년 전의 서신의 내용이 서로 부합되지 않으니, 지금 묻지 않을 수 없습니다."

이렇듯 공세적인 서한에 조선 조정 역시 강경한 태도로 맞불을 놓는다.

"82년 전 갑인년에 쓰시마에서 우두머리 한 명이 부하 열셋을 이끌고 '의죽도의 크고 작은 형편을 탐사하는 일'로 문서를 가지고 왔습니다. 조선 조정에서는 그들이 무단으로 경계를 넘었기에 접대를 허락하지 않고, 다만 본부 부사 박경업에게 답장을 하도록 했습니다.

그에 이르기를 '이른바 의죽도란 조선의 울릉도로 경상·강원 양 도의 바다에 끼인 섬인데, 지도에 기재되어 있으니 어찌 속일 수 있겠는가? 비록 지금은 내버려두고 있지만, 어찌 이방인이 함부로 점거하는 것을 허용해서 다툼의 단서를 제공하겠는가? 바라건대 쓰시마에서는 영토의 경계가 있음을 살피고, 각자 신의를 지켜서 사리에 어긋나는 일을 만들지 않았으면 한다' 했고, 이 내용은 이번에 귀국이 보내온 서신에도 기재되어 있습니다.

귀국은 의문점을 네 가지로 나눠서 제기했지만 그 큰 뜻은 동일합니다. 따라서 답은 이 서신 한 장으로 충분할 것입니다.

첫 번째와 두 번째 질문에 답하자면, 82년 전 쓰시마의 우두머리를 꾸짖은 것은 국경을 침범한 책임이 있었기 때문입니다. 그 뒤 세 차례에 걸쳐 표류해온 왜인을 책망하지 않고 귀국으로 돌려보낸 것은 가까스로 살아남은 자가 서둘러 송환되기를 원해서였습니다. 이는 이웃한 나라끼리의 우애와 예의로서 당연한 일입니다. 어찌 우리 국토를 허용할 의사가 있어서겠습니까? 수시로 관리를 파견해 수색하고 검사한 일은 조선의 《동국여지승람》에 상세히 기록

남구만의 초상(보물 제1484호). 갑술환국으로 조정을 장악한 서인(소론)의 영수로,
안용복의 1차 도일 사건이 논의되던 1694년경에는 영의정, 2차 도일 때는 국왕의
자문격인 영중추부사였다. 그는 안용복 사건을 처리하는 데 중추적 역할을 했으며,
끝까지 안용복을 옹호하며 그의 목숨을 구한다.

되어 있습니다. 이에 따르면 신라·고려는 물론 조선의 태종·세종·성종 대에 걸쳐 수시로 관리 파견이 이뤄졌습니다. 무엇보다 일전에 접위관 홍중하가 동래에 내려갔을 때, 쓰시마의 총병위라는 사람이 역관(통역관) 박재흥에게 《동국여지승람》으로 본다면 울릉도는 과연 귀국의 땅이다'라고 한 사실이 있습니다. 요사이 관리의 왕래가 뜸하고 어민들에게 접근을 금지한 것은 단지 바닷길이 위험하기 때문입니다.

셋째와 넷째 물음에 답하자면, 앞서 언급한 박경업의 서신에 드러난 '의죽도는 실은 조선의 울릉도이다'라는 내용이 그 근거입니다. 공교롭게도 일전에 홍중하와 만난 귀국의 사절(다치바나 마사시게)이 조선의 《지봉유설》을 인용했는데, 그 내용 역시 '의죽도는 바로 울릉도이다'로 동일합니다. 다시 말해 '같은 섬인데 두 가지 이름으로 되어 있다'는 이야기는 조선의 서적에 기재된 것이지만, 그 말을 입 밖에 낸 이는 귀국의 사절입니다.

계유년(1963)에 보낸 첫 번째 답서에는 울릉도와 죽도를 별개의 섬으로 여기는 듯한 언급이 있습니다. 이는 당시 예조의 관원이 역사에 밝지 못해서 그런 것으로, 조정이 나서 그 실언을 나무랐습니다. 때마침 쓰시마에서 그 서신을 돌려보내며 고쳐 주기를 청했기에, 첫 답신의 오류를 바로잡은 것입니다. 따라서 고쳐 보낸 두 번째 답신을 믿어야 할 것입니다."

이런 내용의 답서가 전달되기 전, 다치바나 마사시게는
제멋대로 문장을 꾸며 그의 뜻대로 답서를 고쳐 달라고
재촉했고, 이를 동래부에서 거부하는 사태가 벌어지기도
했다. 예정보다 귀국 일정을 앞당긴 다치바나의 배가 절영도
근처에 이를 무렵 마침내 조선 조정에서 답서가 도착했고,
동래부 관리가 급히 뒤쫓아 이를 전달했다. 그러나 서신을 읽은
다치바나는 막말에 가까운 답을 동래부에 남기고 떠난다.

 "오늘 답서를 보내왔기에 읽어 보았더니, 내용이 분명하지 않습
니다. 요컨대 '과오를 그대로 두고 변명한다'는 것뿐입니다. 82년
전 서신은 바로 신라·고려·조선 초에 저 섬이 귀국에 소속되었다
는 내용을 기술했을 따름입니다. 저 섬이 일본에 소속된 것은 80년
전 일입니다. 어찌 82년 전의 서신으로 이번 사건의 전말을 설명할
수 있겠습니까? 답서에 '표류해온 왜인을 책망하지 않고 귀국으로
돌려보낸 것은 가까스로 살아남은 자가 서둘러 송환되기를 원해서
였습니다. 이는 이웃한 나라끼리의 우애와 예의로서 당연한 일입
니다. 어찌 우리 국토를 허용할 의사가 있어서겠습니까?'라고 했는
데, 이는 궁색한 변명입니다.
 총병위가 인용했다는 《동국여지승람》은 200년 전 서적이고, 저
섬이 일본에 소속된 것은 80년 전 일입니다. 200년 전 책이 80년

전 사건의 증거라니, 어찌 그리 고금의 변화를 살피지 못하는 것입니까?

80년 전부터 우리 백성들이 해마다 죽도에서 고기잡이를 하면서도 귀국의 관리를 만난 적이 없는데, 답서는《동국여지승람》을 증거로 삼았으니, '수시로 관리를 파견해 수색하고 검사하게 했다'는 것이 어찌 거짓이 아니겠습니까? 저의 질문에는 설명하지 못하고 도리어 허위를 드러내었으니, 저는 귀국을 위해 이 일을 수치스럽게 여깁니다.

제가 박재흥과 만난 자리에서《지봉유설》을 이야기한 까닭은 그 책이 일본에도 알려져 있음을 밝힌 것입니다. 이번 답서는《지봉유설》을 인용해 한 섬에 두 이름이 있는 증거로 삼았습니다. 그렇다면 저도《지봉유설》로 울릉도가 일본 땅에 속한다는 근거를 보이겠습니다. 서문을 보면 이 책은 82년 전에 완성되었습니다. '요사이 들으니 왜인이 의죽도를 점거했다고 한다'는 말이 나옵니다. 다시 말해 다른 사람이 점거한 줄 알면서도 그것을 허용하고, 다른 사람이 고기잡이를 하는 줄 알면서도 그것을 허용했으니, 이는 80년 전부터 귀국이 그 섬을 버려서 다른 사람의 소유가 되도록 한 것입니다.

지난 일이 이와 같은데, 이번에 우리 백성들이 그 섬에 간 것을 침범으로 볼 수는 없습니다. 또한 이번 답서와 첫 번째 답서의 내용이 충돌하는데도 귀국에서는 예조의 관원에게 책임을 돌리며 잘못을 숨기고 있습니다.

　이번 사건은 진실로 양국의 큰일이니, 예조에서 지은 답서를 조정에서 살펴보지 않았을 리 없습니다. 그렇다면 저는 진심으로 귀국을 위해 이 일을 수치스럽게 여깁니다."

《숙종실록》은 울릉도를 두고 벌어진 이 논쟁을 다음과 같이 평가한다.

　다치바나 마사시게는 2년간 초량왜관에 머무르며 자신의 임무를 달성하기 위해 사력을 다했다. 그는 조선 조정에서 공급하는 물품을 일체 받지 않았고, 해진 옷을 입고 밥을 구걸하는 고초를 겪으면서도 강경한 태도를 누그러뜨리지 않았다. 귀국할 때는 조정에서 전달한 쌀 1860섬을 동래부로 반납해버리기까지 한다. 다치바나의 일로 나라 전체가 흉흉했고, '임진년과 같은 변란이 머지않아 일어날 것이다'는 소문이 돌았다. 민심이 안정된 것은 한참이 지나서였다.

이렇듯 1693년 안용복 일행 납치 사건은 조선-일본의 울릉도 영유권 다툼으로 확대된다. 당초 일본인들은 자신들의 영해에 조선인이 침범했다고 여겨 두 사람을 납치했다. 뒤늦게 이 사실을 파악한 조선 조정은 안용복 일행이 귀국길에 오르면서 크게 문제 삼지 않고 되도록 조용히 무마하고자 했다. 이를 위해 조선 정부는 쓰시마번에 '울릉도＝조선령, 죽도＝일본령'이라는 2도2명 정책을 제안하며, 일본 막부의 개입 없이 사건을 덮어두고자 했다. 반면 쓰시마번은 '울릉도＝죽도＝일본령'(1도2명)을 주장하며, 울릉도를 완전한 일본 영토로 만들고자 했다. 이 교섭을 통해 조선에 대한 영향력과 막부의 신임을 모두 키우려는 속셈이었다.

그러나 새로 들어선 조선의 서인 정권이 이 문제에 강경하게 대응하면서, 쓰시마번의 입장은 난처해졌다. 결국 교섭은 중단되었고, 교착 상태는 1년을 넘기게 된다. 이에 1695년 10월경부터는 막부에서 직접 문제 해결에 나서기 시작한다. 그해 12월 에도 막부는 쓰시마번이 아니라 죽도 문제를 관장해온 돗토리번과 상세한 문답을 나눈다. 결정을 내리기 전의 심사숙고였다.

결심 공판

◇◇◇◇◇◇◇◇◇◇◇◇◇◇

에도 막부의 증인신문

1695년 12월 24~25일
재판관: 일본국 에도 막부 노중 아베 마사타케
증인: 돗토리번

다음은 에도 막부 노중老中(정무대신) 아베 마사타케阿部正武와
돗토리번이 주고받은 7개의 문답으로, 울릉도 문제에 관한
일종의 증인신문이다.

막부 이나바국과 호키국에 부속된 죽도(울릉도)는 언제부터 그 두
지역에 속했는가? 영지(막부가 하사하는 봉토)를 받기 전부터인가, 그
후의 일인가?

돗토리번 죽도는 이나바국과 호키국에 속하지 않습니다. 호키국
요나고의 평민 오야 진키치와 무라카와 이치베라는 자가 우연히
죽도에 건너가 고기를 잡았습니다. 그 후 호키국 태수 마쓰다이라
신타로松平新太郎 공이 돗토리번에 요청해 도해渡海(바다를 건너는 것)

허가를 받았다고 들었습니다. 과거에도 사람들이 건너간 적이 있다고 들었습니다만, 누구의 영지인지는 알지 못합니다.

막부 죽도는 크기가 대략 어느 정도 되는 섬인가? 유인도인가 무인도인가?

돗토리번 죽도 둘레는 약 8~9리이며 사람은 살지 않습니다.

막부 죽도에 우리 백성이 어업을 하러 간 것은 언제부터인가? 매년 가는가, 아니면 가끔 가는가? 고기잡이는 어떻게 하는가? 배는 몇 척이나 가는가?

돗토리번 죽도 어업 철은 매년 2~3월경으로, 해마다 요나고에서 출발합니다. 주로 전복과 강치(바다사자)를 잡습니다. 큰 배와 작은 배 이렇게 두 척이 참가합니다.

막부 3~4년 전에 조선인이 건너와 고기잡이를 했고, 그때 우리 배가 두 사람을 인질로 잡았다. 그 전에도 조선인이 그곳에 왔는가, 아니면 그 두 해 동안에만 왔는가?

돗토리번 그 이전에는 조선인을 발견한 기록이 없습니다. 4년 전인 1692년에 조선인이 죽도에 왔을 때 우리 선원들이 마주쳤고, 이때 처음 보고되었습니다. 당시 조선인의 배는 풍랑을 만난 끝에 열한 척 중 다섯 척만 그 섬에 당도했으며 모두 53명이었습니다. 이듬해인 1693년에 죽도에서 마주친 조선인 무리는 배 세 척에 42명입니다. 우리 선원들이 그중 두 명을 연행해 요나고로 돌아왔습니다. 그 내용 역시 막부에 보고했고, 조선인들은 나가사키로 보냈습니다.

막부   지난해에는 언제 왔는지, 그리고 온 배 숫자와 선원 숫자는 얼마나 되는가?

돗토리번   1694년에는 풍랑을 만나 섬에 닿지 못했습니다. 올해 (1695)도 바다를 건너긴 했는데, 외국인과 그들의 어선이 많아서 상륙하지 못하고 돌아왔습니다. 근처 송도(독도)에서 전복을 약간 채취했음을 알려드립니다.

막부   죽도 말고 그 근처에 이나바국과 호키국에 속한 섬은 있는가? 있다면 두 지역 어민들이 고기잡이하러 그곳에 갔는가?

돗토리번   죽도와 송도 외에 이나바와 호키에 속한 섬은 없습니다.

선고 공판

◇◇◇◇◇◇◇◇◇◇◇◇◇◇◇◇◇◇

"일본인의 죽도 도해를 금지한다"

1696년 1월 9일

사건명: 안용복·박어둔 납치 사건과 그로 인한 조-일 간 울릉도 영유권 분쟁

재판관: 일본국 에도 막부 노중 아베 마사타케

주문: 죽도 도해를 금지한다.

죽도 땅은 일본국 이나바에 속했다고 볼 수 없으며, 우리 백성이 거주한 적도 없다. 과거 태덕대군台德大君(에도 막부의 2대 쇼군 도쿠가와 히데타다) 시대에 요나고촌 백성들이 그곳에서 고기잡이를 청했기에 허가한 것뿐이다.

지난번 그 땅에 대해 묻자, 이나바에서는 160리 떨어진 반면 조선에서는 40리 떨어져 있다고 했다. 따라서 본래 저들의 영토임은 분명해 보인다. 나라의 군사력을 동원한다면 무엇을 못 얻겠는가. 그러나 별 가치도 없는 작은 섬을 놓고 이웃 나라와 우호 관계를 해치는 것은 바른 계책이 아니다.

또한 애초에 이 섬을 우리가 획득한 것도 아닌 바에야, 지금 와

서 돌려준다고 말하는 것도 어불성설이다. 따라서 우리 백성들이 이곳에 어업을 위해 건너가는 것을 금지할 따름이다.

막부의 이번 지시는 과거에 내린 지시와 모순된다. 그러나 자기 주장을 고집하며 깊이 다투는 것보다는 갈등 없이 해결하는 편이 나은 방책이다. 따라서 일본인의 죽도 접근을 금지한다.

'죽도 도해 금지령'은 에도 막부의 공식 결정이다.
구체적으로 막부의 노중 아베 마사타케가 막부에 파견된
쓰시마번 연락관 히라타 나오에몬平田直右衛門과 미사와
기치자에몬三澤吉左衛門에게 내린 지시다. 이후 일본인의 죽도
접근과 어업은 엄연한 불법행위가 된다. 다시 말해 일본 중앙
정부가 죽도=울릉도이며, 그곳이 조선의 영토임을 인정한
것이다.

1877년 태정관 지령
: 200년 후에도 유효한 '죽도 도해 금지령'

1877년, 조선 침략을 준비하던 일본 메이지 정부 내무성은 조선의 영토 현황을 파악하는 데 공을 들이고 있었다. 울릉도·독도에 대해서도 조사했는데, 두 섬의 관할이 조선인지 일본인지를 명확히 하기 위해 당시 국가최고기관인 태정관에 문의한다. 그리고 이에 대한 답변인 '태정관 지령'은 오늘날 '독도 문제'를 판단하는 데 매우 중요한 사료로 인용되고 있다.

내무성의 문의(메이지 10년 3월 20일): 지적(국토의 등록정보) 편찬 건으로 일본해 내 죽도 외 1도(울릉도와 독도)를 조사한 결과는 이렇습니다. "겐로쿠 5년(1692) 조선인이 섬에 들어온 이후 옛 정부(에도 막부)와 조선국 간 협상이 수차례 이루어진 결과, 결국 일본과는 무관함이 확인되었다." 그러나 영토 문제는 중대 사안이라, 이 같은 사실을 해당 지역에 통보하기 전에 태정관에 문의합니다.

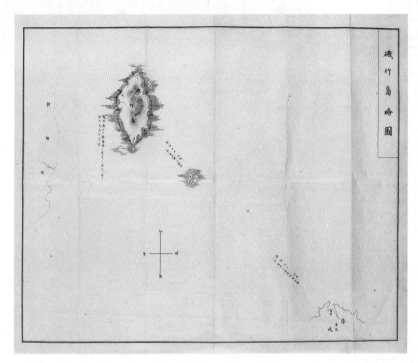

태정관 지령(아래)과 그 부속 문건인 기죽도약도. 기죽도는 울릉도를 가리킨다. 지도에서 가장 큰 섬이 울릉도, 그 오른쪽이 독도이며 맨 오른쪽 하단의 군도는 오키제도다. 울릉도와 독도의 거리는 약 40리, 독도와 오키제도(후쿠우라)의 거리는 80리로 표기되어 있다. 즉 당시 일본 정부에서 물리적 거리로든 역사적 기록으로든 두 섬이 조선의 영토임을 확인한 것이다.

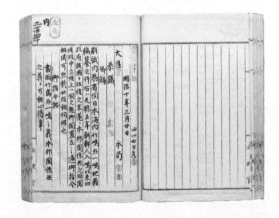

태정관의 지령: 질문한 죽도 외 1개 섬은 일본과 무관하다는 점을 명
심할 것.

이와 같은 문답은 1696년 막부의 '죽도 도해 금지령'이 200년 뒤에도
일본 정부의 공식입장이었음을 알려준다.

안용복이 다시 일본으로 간 까닭은?

두 번째, 세 번째 재판

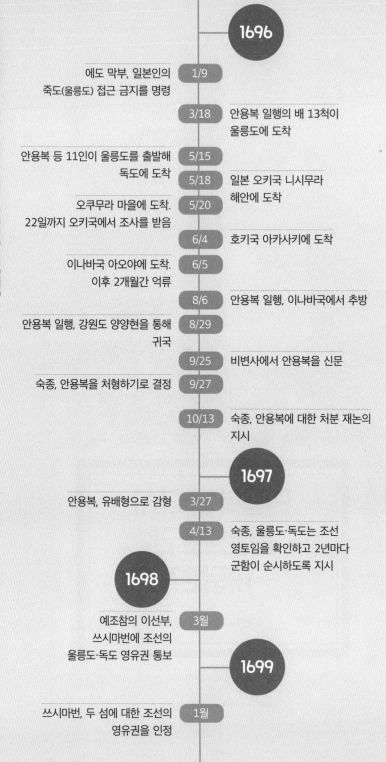

안용복의 2차 도일 및 재판 과정

1696

1/9 에도 막부, 일본인의
죽도(울릉도) 접근 금지를 명령

3/18 안용복 일행의 배 13척이
울릉도에 도착

안용복 등 11인이 울릉도를 출발해 5/15
독도에 도착

5/18 일본 오키국 니시무라
해안에 도착

오쿠무라 마을에 도착. 5/20
22일까지 오키국에서 조사를 받음

6/4 호키국 아카사키에 도착

이나바국 아오야에 도착. 6/5
이후 2개월간 억류

8/6 안용복 일행, 이나바국에서 추방

안용복 일행, 강원도 양양현을 통해 8/29
귀국

9/25 비변사에서 안용복을 신문

숙종, 안용복을 처형하기로 결정 9/27

10/13 숙종, 안용복에 대한 처분 재논의
지시

1697

안용복, 유배형으로 감형 3/27

4/13 숙종, 울릉도·독도는 조선
영토임을 확인하고 2년마다
군함이 순시하도록 지시

1698

예조참의 이선부, 3월
쓰시마번에 조선의
울릉도·독도 영유권 통보

1699

쓰시마번, 두 섬에 대한 조선의 1월
영유권을 인정

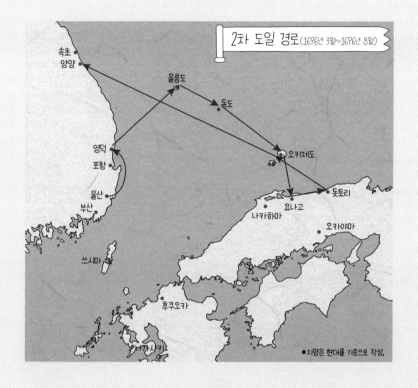

속초
양양
울릉도
독도
영덕
포항
울산
부산
오키제도
돗토리
요나고
나카하마
오카야마
쓰시마
후쿠오카
나가사키

●지명은 현대를 기준으로 작성.

안용복 납치 사건과 울릉도 문제는 우여곡절 끝에 에도
막부의 '죽도 도해 금지령'으로 일단락된다. 그런데 불과 4개월
뒤인 1696년 5월, 안용복은 또 다시 일본으로 건너간다. 첫
일본행이 납치로 인한 강제 소환인 데 견줘 두 번째 일본행은
안용복 스스로의 의지였고, 그와 뜻을 공유하는 10인의 동료와
함께였다. 그는 어째서 다시 동해를 건넌 것일까?
5월 15일 울릉도를 출발해 사흘 만에 오키국에 도착한 안용복

2차 도일을 감행하는 안용복 일행

일행은 조선의 대표를 자임하며 울릉도·독도의 주인이 누구인가를 두고 일본과 소송을 하러 왔음을 밝힌다. 현대의 법정에 비유컨대 3년 전 사건이 안용복의 영해 침범죄를 다룬 형사소송으로 시작되었다면, 이번 사건은 어민의 이익을 다투는 민사소송인 동시에 영유권을 확인하는 국제소송인 셈이다. 즉 첫 재판정에서 피고인 신분이었던 안용복이 이번 재판정에선 원고이자 조선의 대리인으로 나섰다는 의미다. 다음은 1696년 5월 20~22일 오키국에서 진행된 신문 기록을 재구성한 것이다.

소송 제기 및 당사자신문*

"울릉도·독도는 조선국 강원도의 땅이오"

1696년 5월 20~22일, 일본 오키국
사건명: 일본 어선의 울릉도·독도 불법 조업 및
두 섬의 영유권 확인에 관한 소송
원고: 안용복 외 10인
피고: 일본국 돗토리번 호키국 태수

조선인의 신상

승선 인원은 모두 열한 명으로 속인(일반 백성)이 여섯, 승려가 다섯입니다. 속인의 이름은 안용복, 김과가, 이비원, 유상공, 김감관이며 한 사람은 이름을 밝히지 않았습니다. 매번 말석에 앉았으므로 아랫사람인 듯합니다. 다섯 승려의 법명은 뇌헌, 영률, 단책, 등담, 연습입니다.

11인의 조선인 가운데 안용복,

민사소송에서 소송당사자(원고와 피고)의 진술은 증거가 될 수 없다. 예외적으로 법원의 직권이나 소송당사자의 신청으로 당사자 본인을 직접 신문하는 절차를 당사자신문이라고 하며, 이때의 진술은 증거로 인정된다. 2차 도일 이후 원고 입장에서 조사에 임한 안용복 역시 증거능력을 갖는 진술과 근거 자료를 적잖게 제시한다.

김과가, 승려 뇌헌이 대표로 신문에 임했으며 통역은 안용복이 맡았습니다. 안용복은 1654년생이며 머리엔 수정 끈으로 묶은 관과 같은 검정 삿갓을 썼습니다. 목면 저고리를 입었으며 허리에는 호패를 찼습니다. 호패엔 '통정대부 안용복, 갑오년 출생, 동래 거주'라고 새겨져 있습니다. 그 외 도장이 든 상자와 귀이개용 이쑤시개를 넣은 상자 두 개를 부채에 달아 소지했습니다.

김과가는 역시 검정삿갓에 목면 저고리 차림으로, 부채를 소지했습니다. 나이는 모릅니다.

승려 뇌헌은 55세로 흥왕사 주지입니다. 검정 삿갓을 쓰고 쥐색 목면 저고리를 입었습니다. 기사년(1689)에 발행된 주인장朱印狀(막부의 해외 교역 허가증)을 제출하기에 필사해두었습니다. 그는 일본 선종禪宗(불교 종파)의 것과 같은 염주와 모자를 소지했는데, 염주엔 구슬 수십 개가 달려 있습니다. 배에 승려 5인이 탑승한 이유를 묻자, 울릉도 구경을 원해서 함께왔다고 말했습니다. 5인의 종파를 묻자 뇌헌이 답변을 써 제출했습니다. 그러나 내용이 불명확해 조사 이튿날인 21일에 종파 명칭과 호키국 들어가는 이유, 화물 등의 정보를 다시 요구했고, 이에 이비원이 답변을 제출했습니다.

일본에 온 목적

안용복이 말했습니다. "돗토리번의 호키국 태수께 반드시 전할 뜻이 있어서 넘어왔습니다. 그런데 바람이 좋지 않아 이곳에 닿고 말았습니다. 바람만 좋으면 호키로 건너갈 것입니다."

안용복은 또한 다음과 같이 진술했습니다. "울릉도는 대나무가 많은 섬입니다. 조선국 강원도에 속한 섬으로, 일본에서는 죽도라고 부릅니다. 이 내용이 기재된 팔도 지도를 가지고 있습니다."

그는 소지한 조선팔도 지도 여덟 장을 내보였습니다. 각 지역 명칭을 조선어로 써 넣은 지도입니다. "일본이 송도라고 부르는 섬은 같은 강원도에 속한 자산(독도)이라는 섬을 가리킵니다. 이 역시 팔도 지도에 기재되어 있습니다." 그에 따르면 죽도와 조선 본토 사이는 50리, 죽도와 송도 사이는 30리라고 합니다. 죽도는 조선국 강원도에 위치하며, 조선 국왕은 금상 또는 주상이라고 부릅니다. 또한 도의 으뜸벼슬은 관찰사라고 합니다.

안용복과 박어둔은 4년 전인 계유년 여름, 죽도에서 호키국 백성에게 체포되어 이곳에 연행된 바 있습니다. 그해 11월 우리나라에서 내린 서계(공문서) 한 권을 제출하기에 이를 필사했습니다. 둘은 이번에도 함께 출항했지만 박어둔은 죽도에 남았다고 합니다.

오키국까지의 행적

안용복이 진술한 오키국까지 이들의 행적은 다음과 같습니다. "올해(1696) 3월 18일, 조선에서 아침식사를 한 후 출발해 저녁에 울릉도에 도착해 저녁밥을 먹었습니다." 죽도로 건너간 배는 열세 척으로, 한 척당 10~29명이 타고 갔는데 모두 몇 명이냐는 물음에는 답하지 않았습니다.

안용복의 배를 제외한 나머지 열두 척은 죽도에서 미역과 전복을 채취하고 있다고 합니다. 올해는 전복이 썩 많지 않다고 합니다. "우리는 5월 15일 울릉도를 출발해 그날 자산도(독도)에 도착했고, 이튿날 그곳을 떠나 18일 아침 오키국 니시무라 해안에 닿았습니다. 그곳 지형이 거칠어 나카무라 나루터에 정박하려고 했습니다. 그러나 그곳의 사정도 좋지 않아 19일 늦게 오쿠무라의 카요이 포구에 배를 대고 이튿날 닻을 내렸습니다." 호키국에서의 일을 마친 후에는 죽도로 돌아가 나머지 배에 화물을 싣고 6~7월쯤 귀국해 세금을 바칠 예정이라고 합니다.

오키국에서의 행적

5월 20일, 안용복 등 3인은 조사를 마친 후 배로 돌아갔습니다. 배

안에 짐이 있는지 묻자, 말린 전복과 미역이 조금씩 있다고 했습니다. 그 후 편지 한 통을 제출하며 말린 전복 여섯 점을 보내왔는데, 한 점은 오쿠무라 촌장께, 다섯 점은 경비병에게 마음을 담았다고 했으나 모두 돌려보냈습니다. 편지 말미에 채소와 과일을 요청하기에 답장과 함께 상추, 파, 비자 열매, 미나리, 생강 등을 보내주었습니다.

21일, 안용복이 다시 편지를 보냈습니다. 가져온 곡식이 다 떨어져 저녁을 먹을 수 없다는 내용이었습니다. 조선에서는 다른 나라 배가 오면 대접하는 게 예의인데, 일본엔 그런 관례가 없느냐고 물었습니다. 그래서 이곳에도 표류해 좌초하면 식량과 그에 상응하는 원조를 제공하게 되어 있다고 알려주었습니다. 하지만 당신들은 돗토리번 호키국 태수께 소송하기 위해 왔으니 식량을 준비해 오지 않았느냐고 물었습니다.

그들은 수긍하면서도, 일단 일본 땅에 도착하면 문제가 없을 것으로 여겼다고 합니다. 촌장의 뜻에 따라 배 안을 조사해 실제로 쌀이 떨어진 것을 확인했습니다. 그래서 이곳도 작년에 흉작이 들어 식량이 넉넉지 않고 그나마도 상태가 나쁘다는 걸 밝히고, 두 차례 쌀을 보냈습니다. 조선인들은 기뻐하며 고맙다는 뜻을 글로 보내왔고, 제공한 쌀을 세 끼에 걸쳐 먹었습니다. 그 후에는 필요할 때마다 대처하기로 했습니다.

22일에는 안용복, 이비원, 뇌헌, 뇌헌의 제자 연습이 뭍에 올랐습니다. 바람이 너무 강해 제출하기로 한 소송 문건을 육지에서 쓰고 싶다는 요청이었습니다. 이에 가까운 민가를 제공하자, 얼마 안 되어 문건을 완성했습니다. 그 서류를 통해 사건의 전말을 대체로 파악할 수 있었습니다.

이번 사건에 대한 기록과 조선인이 제출한 서류를 이와미국 대관소(지방의 막부 직할령을 관장하는 관청)에 올립니다. 구두로도 보고하도록 했습니다. 이상입니다.

죽도 도해 금지령을 몰랐던 안용복

그러나 야심차게 감행한 안용복의 2차 도일은 쉽게 풀리지 않는다. 1차 도일 당시 6개월간 일본 각지를 돌며 다섯 차례의 신문을 받은 것과 달리 이번엔 2개월간 단 한 차례의 조사만 진행되었고, 그나마도 한 지역에 억류되다시피 했다. 대접도 달랐다. 3년 전엔 사실상 외국인 범죄자 신분임에도 나름대로 후한 응대를 받았지만, 두 번째 방문에선 최소한의 지원에 그친 것으로 보인다. 귀국 역시 1차 때는 쓰시마번→동래부라는 공식 절차를 거친 데 견줘 2차 때는 머물던 돗토리번에서 강원도로

朝鮮之八道

京畿道 江原道 全羅道 忠清道 平安道 咸鏡道 黃海道 慶尙道

此道中: 有竹嶋松嶋

조선팔도 문서. 안용복을 조사한 오키국 관리가 작성한 《원록각서》에 수록된 문건이다. 경기도·강원도·전라도·충청도·평안도·함경도·황해도·경상도가 기재되어 있고, 죽도(울릉도)와 송도(독도)를 강원도의 섬으로 표기하고 있다. 안용복이 다시 일본에 온 목적이 울릉도·독도의 영유권과 관련 있음을 보여준다.

추방되다시피 했다.

어째서일까? 에도 막부에서는 1696년 1월 이미 쓰시마번에

'죽도 도해 금지령'을 내렸다. 그런데 쓰시마번은 이를 조선에

통보하지 않은 채 묵히고 있었다. 쓰시마번 사신 다치바나

마사시게의 행적이 보여주듯, 죽도가 일본의 강역임을

주장하며 조선인의 접근 금지를 집요하게 요구해온 상황에서
막부의 결정을 그대로 전하기가 곤란했기 때문이다. 당연히
그해 5월에 도일한 안용복에겐 그런 정보가 없었다. 미리
알았다면 목숨을 장담할 수 없는 2차 도일에 굳이 나서지
않았을지도 모른다. 다치바나가 그랬듯, 안용복의 목적 역시
울릉도·독도가 자국 영토임을 확인받기 위해서였기 때문이다.
한편 오키국의 신문 보고서가 말해주듯, 안용복은 자기주장의
근거를 소지하고 있었다. 울릉도와 독도가 강원도 소속이라는
내용이 기재된 팔도 지도, 그리고 1차 도일 당시 일본 관청에서
발급한 서계가 그것이다. 다시 말해 조-일 양국에서 발행한
근거 자료인 셈인데, 안타깝게도 일본의 서계는 전하지 않는다.
'죽도는 조선의 영토'임을 확인하는 내용이 담겨 있었으리라
짐작할 뿐이다.

안용복, 독도가 조선 영토임을 천명하다

"일본이 송도라고 부르는 섬은 같은 강원도에 속한 자산(독도)이라는 섬을 가리킵니다. 이 역시 팔도 지도에 기재되어 있습니다." 안용복 재판정에서 마침내 독도가 언급되었다. 앞서도 한 차례 설명했듯 당시만 해도 울릉도의 부속 섬으로 취급되었고, 식수가 없어 사람이 머물 수 없었던 섬 독도가 안용복의 입으로 역사에 등장한 것이다.

✦ 울릉도와 독도의 다양한 명칭에 관해

그런데 한 묶음으로 취급된 것과 별개로 두 섬을 가리키는 명칭 또한 굉장히 다양해서 사람들을 헷갈리게 만들곤 한다. 우선 독도는 왜 '송도'니 '자산도'니 '우산도'니 하는 여러 이름으로 불렸을까? 송도松島라는 명칭은, 일본 어민들이 울릉도까지 오는 중간 기착지로 독도를 이용하면서 그곳에 소나무가 많아서 붙인 이름이라고 추정된다.

우산도于山島는 독도보다는 울릉도를 가리키는 명칭으로 알려져 있다. 《삼국사기》에는 다음과 같은 내용이 나온다.

지증왕 13년(512) 여름 6월에 우산국이 항복하고 매년 토산물을 공물로 바쳤다. 우산국은 명주의 정동쪽 바다에 있는 섬으로 울릉도라고도 한다. 땅은 사방 100리이다. 우산국 사람들이 지세가 험한 것을 믿고 복종하지 않자, 이사부가 하슬라주의 군주가 되어 말하기를, "우산국 사람들은 어리석고 성질이 사나워 위엄으로 복종시키기는 어려우니 꾀를 써서 복종시키는 것이 좋겠다"라고 했다. 이에 나무로 된 가짜 사자를 많이 만들어 전선에 나누어 싣고는 우산국 해안에 이르러 속여 말하기를 "너희들이 만일 복종하지 않는다면 이 맹수들을 풀어 밟혀 죽게 하겠다"라고 하니, 사람들이 두려워서 바로 항복했다.

이를 근거로 울릉도=우산국, 따라서 우산도=울릉도라고 이해하는 경우가 많다. 그런데 조선 시대의 기록은 다르다.

임금이 우산·무릉도의 주민을 찾아 끌어내는 방도를 의논케 했다. 모두가 말하기를, "무릉의 주민은 끌어내지 말고, 오곡과 농기구를 주어 그 생업을 안정케 하소서. 또한 장수를 보내어 그들을 설득하고, 바칠 공물을 정하는 것이 좋습니다."
이에 공조판서 황희가 유독 반대했다. "그대로 두지 말고 빨리 끌어내게 하소서."

그러자 임금이 "그 계책이 옳다. 저 사람들은 일찍이 요역을 피하여 편안히 살아왔다. 만약 공물을 정하고 장수를 둔다면 저들은 싫어할 것이니, 그대로 머물러 있게 할 수 없다. 김인우를 그대로 안무사로 삼아 우산·무릉 등지에 들어가 그곳 주민을 거느리고 육지로 나오게 함이 마땅하다."

임금이 옷·갓과 목화를 내리고, 또 우산 사람 세 명에게도 각기 옷 한 벌씩을 내려주었다. 강원도관찰사에게 명하여 병선 두 척을 주도록 하고, 도내의 수군 만호와 천호 중 유능한 자를 뽑아 김인우와 같이 가도록 했다.

– 《태종실록》, 태종 17년(1417), 2월 8일 자.

《조선왕조실록》에서 처음으로 언급된 무릉武陵과 우산于山은 각각 울릉도와 독도다. 이는 적어도 1417년부터는 조선 조정이 동해에 무릉과 우산이라는 섬이 존재한다는 걸 알았으며, 자국 영토로 확정했음을 의미한다. 한편 안용복은 우산을 자산이라고 하는데, 이는 자산의 한자(子山)가 우산의 한자(于山)와 비슷해서 생긴 혼란으로 보인다. 무릉 또한 다른 역사서에는 우릉羽陵으로 기재되기도 한다. 지리 정보와 측량 기술이 현격히 부족하던 과거에는 먼 바다의 섬을 섬을 표기하고 관리하는 일이 쉽지 않았던 셈이다.

東奧川德齊灣孝山與兆圖

17세기 후반 해동팔도봉화산악지도(왼쪽). 동해에 울릉도와 우산도(독도)를 기재했는데, 독도가 울릉도보다 육지에 가까운 것으로 나와 있다. 반면 18세기에 제작된 〈동국대지도〉(오른쪽)는 훨씬 정교하다. 두 섬 역시 오늘날처럼 정확하고 세밀하게 그려 넣었다. 명칭은 여전히 울릉도-우산도로 표기했다.

우산과 무릉 두 섬이 현의 정동쪽 바다 가운데 있다.

두 섬의 거리가 멀지 않아 맑은 날에는 서로를 충분히 바라볼 수 있다.

-《세종실록지리지》, 강원도 울진현 편.

《세종실록지리지》(1454)는 조선의 영토를 정확히 이해하고 기록할 목적으로 1424년부터 30년에 걸쳐 완성한 인문지리서다. 전국 고을의 관리 숫자를 비롯해 연혁·명칭·거리·인구·성씨·논밭·공물·약재·봉수대·산성·사찰·둑 등 방대한 내용이 채록된 책으로, 우산도와 무릉도를 강원도 울진에 속한 조선 영토로 기록하고 있다.

그러나 이렇게 확정된 듯했던 두 섬의 이름은 이후에도 몇 차례 혼란을 겪으며 명칭이 뒤바뀌어 기재된 지도가 제작되기도 한다(96~97쪽 참조). 이런 사례를 보면, 조선 시대에는 동해에 두 섬이 존재한다는 사실을 중시할 뿐, 그 섬 명칭에 대해서는 오늘날처럼 민감하지 않았던 것으로 보인다.

소 각하 결정*

◇◇◇◇◇◇◇◇◇◇◇◇◇◇◇◇◇◇◇◇

"조선에 관한 업무는
쓰시마에서만 담당한다"

1696년 7월 24일, 에도 막부
사건명: 일본 어선의 울릉도·독도 불법 조업 및 두 섬의 영유권 확인에 관한 소송
재판관: 일본국 막부 노중 오쿠보 다다토모大久保忠朝

안용복이 다시 일본에 왔다는 소식이 전해지자 소송 당사자인 호키국과 조선에 관한 업무를 담당해온 쓰시마번은 촉각을 곤두세웠다. 만약 안용복의 주장대로 울릉도·독도가 조선 영토임을 확인한 서계와 일본 어선들이 죽도 도해 금지령을 어긴 증거를 갖고 막부에 간다면 상황이 어떻게 번질지 알 수 없는 노릇이었다. 이에 호키국과 쓰시마번은 서신을 주고받으며 공동 대응에 나선다.

● ───────

각하却下란 물리치거나 돌려 보낸다는 뜻이다. 즉 절차상 문제가 있거나 적법한 요건을 갖추지 못한 채 제기된 소송을 그대로 종료시키는 것이다. 민사재판에서는 '소 각하'라고 하며, 형사재판에서는 '공소기각'이라고 한다.

안용복이 다시 일본으로 간 까닭은?

호키국 태수가 쓰시마번에 보낸 서한

지난 5월 조선 배 한 척이 오키국에 도착했습니다. 오키국 대관은 급히 서찰을 띄워, 조선인이 호키에 청원할 것이 있어서 왔다고 알려왔습니다. 이에 이곳 원로들이 답서를 준비하는 동안 조선인이 호키국 아카사키赤碕에 도착했습니다. 6월 4일의 일입니다. 모두 11인으로, 그중 다섯은 승려입니다. 몇 년 전 죽도에서 끌려와 나가사키로 압송된 안용복이라는 자도 있습니다.

　이들은 죽도가 이나바국에 속하므로 그곳에 가서 말하겠다면서 6월 5일엔 이나바국 아오야靑屋 포구에 당도했습니다. 이나바국 관리들이 응대했지만 말이 통하지 않아 상황을 알 수 없습니다. 몇 해 전 막부에서 지시한 내용이 있었기에 청원 내용이나 탄원서 따위를 이곳에서 받는 것이 어떨까 싶어 여쭙습니다.

쓰시마번의 답서

타국 선박이 영지 내 포구에 들어와 소송을 언급하면, 그가 안심하도록 나가사키 부교가 소송을 접수한다는 뜻을 알려야 합니다. 만일 그곳에서 소송을 원한다면 그 취지를 오사카와 나가사키에 서둘러 보고하는 것이 마땅합니다. 그러나 배가 먼 바다에 머무르면서 연락선으로 소송을 청하거나, 나가사키로 접수하기를 원치 않는다면 알릴 필요가 없습니다.

덧붙여 이곳에는 통역도 없습니다. 나가사키에 가지 않으려면 돌아가라고 해도 무방합니다. 여하튼 일본에 상선이 건너오는 문제로 소송하려는 것이라면, 신경 쓸 필요가 없음을 알려드립니다.

답변에서 짐작할 수 있듯, 이번에도 쓰시마번은 안용복 사건을 막부에 알리지 않고 해결하려는 의도를 드러낸다. 그러나 소식이 막부에까지 보고되자, 다급해진 쓰시마번은 막부에 장문의 서신을 보내 수습에 나선다.

쓰시마번이 막부에 보낸 서신

조선인의 소청 내용을 모르지만 이나바국을 목적지로 건너왔으므로, 분명 죽도와 관련이 있을 것입니다.

막부에서도 너그러이 판단하셔서 조선에 유리하도록 죽도 도해 금지를 명하신 바, 이를 조선에 미처 전달하지 않은 상태에서 이런 청원을 받아들이신다면, 저들은 소송의 성과로 여길 것입니다. 따라서 향후 무슨 일이든 청원할 일이 있으면 막부로 향할 테니 무척 곤혹스러우실 것입니다. 그렇게 되면 조선의 일을 쓰시마에 위임

한 보람도 사라질 것입니다. 바라건대 쓰시마가 주선하지 않는 일은 그 어떤 것이든 받아들이지 않을 것이니 즉시 귀국하라고 전달하고 돌려보내시기 바랍니다.

조선과 일본 사이 교류는 이전부터 약조가 있어, 서로의 인장이 찍힌 서류가 없는 배는 입국할 수 없습니다. 조선이 일본과 교류하고자 한다면 쓰시마를 통해서만 가능했고, 다른 곳과 직접 교류는 불가능함을 예전부터 합의했습니다. 따라서 다른 곳에 와서 소송을 하는 일은 없었습니다. 이번에 이를 용인하신다면 관례가 될 것입니다.

또 이번에 소송한 바를 막부에서 직접 들으신다면, 답변하기 곤란한 내용도 있을지 모릅니다. 그러므로 약조와 달리 쓰시마를 거치지 않는 소송은 수용할 수 없음을 분명히 지시하시고, 이나바국에서 직접 돌려보내는 길이 최선입니다.

만일 이나바국에서 돌려보내기 어렵다면 차선책으로 나가사키로 보내, 그곳에서 통상적인 표류민 처리 방식대로 조사한 후 쓰시마로 인계, 조선으로 송환하는 방법도 있습니다. 그리한다면 조선에 다음과 같은 내용도 전해야 할 것입니다.

"법을 어기고 이곳까지 건너와 소송을 벌인 것은 무례하기 짝이 없는 일입니다. 소송할 일이 있다면 예조에서 법에 따라 쓰시마로 전하는 것이 옳습니다. 더구나 막부에 천한 어부를 보내 소송을 올리는 것은 막부를 우습게 보는 행위일 뿐 아니라 무례한 일이니, 마땅히 처벌을 내려야 할 것입니다."

만일 나가사키로 보낸다면, 법을 어기며 우리 땅에 들어온 자이니, 이동 중에 접대 등을 제공해서는 안 됩니다. 지난번 죽도에 건너온 자들을 이나바국에서 나가사키로 보내면서 잘 접대하라고 지시하셨습니다. 반면 쓰시마가 인도받은 후로는 법에 따라 엄하게 경비하면서 조선에 보낸 바, 이로 인해 일이 어긋났습니다. 그 후 지금까지 업무에 큰 지장을 주고 있으므로, 이번에는 충분히 고려해주시기를 바랍니다.

조선의 통역관이 건너오는 문제는 태수가 쓰시마에 도착한 후 즉시 전했습니다. 그러나 조선 사정으로 일이 늦어지고 있습니다. 8월은 되어서야 당도할 것이라는 전갈이 왔습니다.

이번 소송 내용에 따라 지난번 지시하신 내용과는 상황이 다를 수도 있습니다. 따라서 조선에서 통역관이 건너오더라도, 결론을 내릴 때까지는 이전의 명령(죽도 도해 금지령)을 통역관에게 전달하지 말아야 합니다.

쓰시마번의 집착에 가까운 이런 노력은 마침내 소기의 성과를 거둔다.

에도 막부가 호키국과
이나바국에 내린 명령

한 자 적어 보냅니다.

지난번 호키국을 거쳐 이나바국에 도착한 조선인에 대해, 쓰시마번 태수가 보낸 통역이 도착하면 상담한 후 나가사키로 보내도록 지시했습니다.

그러나 조선과의 모든 통교는 쓰시마번을 통하는 것이 관례입니다. 따라서 통역관이 도착해도 상의할 필요가 없고, 나가사키로 보내지도 말아야 합니다. 이나바국에서 바로 조선으로 돌려보내는 게 좋겠습니다.

다만, 추방하기 전에 "쓰시마 외에는 조선에 관한 업무를 담당하지 않는 법이라고 지시가 내려왔다. 이를 받아들이기 어려우면 즉시 돌아가라"라고 분명히 말해야 합니다.

안용복의 소송을 회피한 일본

일본은 안용복의 주장을 수용할 것인가, 들어준다면 어느 선까지 들어줄 것이며, 이를 어느 지역에서 맡을 것인지를 놓고 고민에 빠졌다. 최초 도착지인 오키국, 목적지인 호키국과

이나바국, 그 두 곳을 관장하는 돗토리번, 조선과의 통교를
전담하는 쓰시마번, 중앙정부인 에도 막부까지 참여한 논의
결과는 안용복의 주장을 듣지 않고 조선으로 돌려보내는
것이었다. 오늘날에 견주면 안용복이 제기한 소송을 재판에
붙이지 않고 각하한 셈이다. 각하 이유는 절차상의 문제(쓰시마를
통하지 않은 소송 제기)였지만, 그 이면엔 안용복이라는 '뜨거운
감자'를 피하려는 쓰시마번의 정치적 몸부림이 있었다.
한편 2차 도일 당시 일본에서의 신문·조사는 오키국에서만
진행되었다. 애초에 그곳은 안용복의 목적지도 아니었고,
진술도 구체적이지 않다. 그래서 2차 도일의 진상을
제대로 알기 위해서는 다른 사료를 살펴야 한다. 1696년
8월 6일, 조선으로 추방당한 안용복을 맞은 것은 비변사의
포승줄이었다. 죄목은 무단으로 국경을 넘어 이웃나라에서
소동을 일으켰다는 것. 아이러니하게도 이 재판 기록이야말로
안용복이 왜 위험을 무릅쓰고 재차 일본으로 건너갔는지, 2차
도일의 성과가 무엇인지 생생하게 알려주는 사료다. 안용복의
마지막 재판정을 찾아 《조선왕조실록》으로 들어가보자.

조선 법정에 서다

안용복의 유무죄를 다툰
조정의 배심원단

1696년 8월 29일~9월 25일, 비변사·형조·창덕궁 어전
사건명: 안용복 등의 국경이탈 및 일본에서의 외교적 소동
피고인: 안용복 등 11인

숙종 22년(1696) 8월 29일
동래 사람 안용복 등이 일본국에서
왜인과 송사하고 돌아오니 잡아 가두다

동래 사람 안용복, 흥해 사람 유일부, 영덕 사람 유봉석, 평산포 사
람 이인성, 낙안 사람 김성길, 연안 사람 김순립과 순천 승려 뇌헌·
승담·연습·영률·단책 등이 함께 울릉도를 거쳐 일본국 호키국으로
들어가 왜인과 송사한 뒤 강원도 양양현으로 돌아왔다. 이에 강원
감사 심평이 그들을 잡아가두고 임금께 보고했다.

숙종 22년(1696) 9월 2일
안용복 등을 한양 감옥에 잡아 가두어 엄히 조사할 것을 허락하다

강원 감사 심평의 장계에 따라 비변사에서 안용복 등 11인을 한양 감옥에 잡아 가두어 엄히 조사해 처리하기를 청하니, 임금이 윤허했다.

숙종 22년(1696) 9월 22일
안용복이 동래에서 변경에 관계되는 일로 잡혀오다

이때 안용복이 동래에서 압송되었는데, 비변사와 형조의 당상관이 모여서 속속들이 밝힌 후 처리하라고 명했다. 그 일이 국경과 관계되기 때문이다.

이후 비변사에서 시행한 피고인신문에 주목해보자.
이 조사에서 안용복은 일본 측 신문 기록에는 없거나,
그 기록들과는 사뭇 다른 진술을 구체적으로 남기고 있다.

숙종 22년(1696) 9월 25일
비변사에서 안용복 등을 추문하다

안용복이 말했다.

"저는 본디 동래에 사는데, 어미를 보러 울산에 갔다가 마침 승려 뇌헌 등을 만났습니다. 근년에 울릉도에 왕래한 일과, 그 섬에 해물이 많다는 사실을 이야기하자 뇌헌 등이 흥미를 보였습니다. 그래서 같이 배를 타고 영덕 사는 뱃사공 유일부 등과 함께 그 섬에 이르렀습니다. 섬의 주산인 삼봉은 삼각산보다 높았고, 남에서 북까지는 이틀 거리, 동에서 서까지도 비슷했습니다. 산에는 잡목과 매, 까마귀, 고양이가 많았습니다. 일본 배도 많이 와서 정박해 있기에 뱃사람들이 모두 두려워했습니다.

그래서 제가 그들에게 말했습니다. '울릉도는 본래 우리 영토인데, 왜인이 어찌 침범하는가? 너희들을 모두 잡아 묶어야겠다.'

그러자 왜인이 말했습니다. '우리는 본디 송도에 사는데 우연히 고기잡이 하러 나왔다. 이제 돌아갈 것이다.'

제가 다시 말했습니다. '송도는 자산도(독도)로, 거기도 우리 영토인데 너희들이 감히 거기에 사는가?'

이튿날 새벽, 배를 몰아 자산도에 갔는데, 왜인들이 가마솥을 벌여놓고 고기 기름을 달이고 있었습니다. 제가 막대기로 쳐서 깨뜨리고 큰 소리로 꾸짖었더니, 왜인들이 물건을 거두어 배에 싣고서 돌아갔습니다. 그래서 배를 타고 뒤쫓았습니다.

그런데 갑자기 광풍을 만나 표류하여 오키국에 이르렀습니다. 그곳 태수가 들어온 까닭을 묻기에 제가 말했습니다. '몇 년 전 내가 이곳에 들어와서 울릉도·자산도 등을 조선의 영토로 정하고, 너희 나라 관백關白의 서계까지 받았다. 그런데 또 우리 영토를 침범했으니, 이것이 무슨 도리인가?'

그들은 제 말을 호키국에 전하겠다고 했으나, 오랫동안 소식이 없었습니다.

제가 화를 참을 수 없어 즉시 호키국으로 가서 '울릉 자산 양도 감세장鬱陵子山兩島監稅將'이라 칭하며 일본국 본토에 이 문제를 말하겠다고 통보했습니다. 그러자 비로소 섬에서 사람과 말을 보내어 맞이했습니다.

저는 푸른 무관복에 검은 갓과 가죽신을 착용한 채 가마를 타고, 다른 일행들은 모두 말을 타고서 고을로 들어갔습니다. 저는 그 고을 관리와 대청마루에 마주 앉고, 다른 이들은 모두 중간 계단에 앉았습니다.

● ────────
일본 천황의 정무를 대리하는 최고위급 벼슬

●● ────────
안용복이 스스로 만든 호칭. 울릉도와 자산도, 두 섬의 세금을 감독하는 관리라는 뜻이다.

고을 관리가 찾아온 이유를 묻기에, '지난번에 두 섬의 일로 내가 서계를 받아낸 것이 명백하다. 그런데 쓰시마 태수가 서계를 빼앗고는 중간에서 위조해 두세 번 사신을 보내더니 법을 어겨가며 함부로 침범했다. 이참에 내가 관백에게 상소하여 죄상을 두루 알리려 한다'고 말했습니다. 그러자 관리가 허락했습니다.

이에 이인성에게 상소문을 지어 바치게 하자, 관리의 아비가 호키국에 간청하며 말했습니다. '이 상소를 올리면 내 아들이 반드시 중한 죄를 얻어 죽을 것이니, 바치지 말기 바란다.'

그래서 관백에게 올리지는 못했으나, 그 대신 앞서 우리 영토를 침범한 왜인 15인을 적발해 처벌했습니다. 그러고는 저에게 말했습니다. '두 섬은 이미 너희 나라에 속했으니, 뒤에 혹 다시 침범하여 넘어가는 자가 있다면 국서를 써서 역관을 통해 보내라. 엄중히 처벌할 것이다.'

그러더니 양식을 주고 사신을 붙여 호송하려 했으나, 제가 사신을 데려가는 것은 어울리지 않다고 사양했습니다."

뇌헌 등 다른 사람의 진술도 비슷했다.

안용복의 진술대로라면, 일본 어선들은 막부의 도해 금지령을 어기면서까지 울릉도 일대에 출몰한 셈이다. 1차 도일을 통해 울릉도에 대한 확고한 인식과 판단을 가지게 된

안용복으로서는 이참에 일본의 공식적인 사과와 재발방지를
약속받고 싶었을 것이다. 오키국 조사 보고서만으로는
불분명했던 2차 도일의 원인이 해소되는 대목이다. 한편 이러한
진술과 추문 결과를 놓고 조정에서는 안용복에 대한 처분을
논의한다.

선고 공판

사형 선고 후 유배형으로 감형

1697년 3월 27일, 창덕궁 어전
사건명: 안용복의 국경이탈 및 일본에서의 외교적 소동
피고인: 안용복
재판관: 조선국 국왕 숙종

숙종 22년(1696) 9월 27일
영의정 유상운이
안용복의 죄를 논하고 죽이기를 청하다

영의정 유상운이 말했다.

"안용복은 법으로 금한 것을 두려워하지 않고 다른 나라에서 일을 일으켰으므로, 용서할 수 없습니다. 다만 저 나라에서 표류해온 자를 돌려보내는 일은 반드시 쓰시마에서 하는 법인데, 이번에는 무슨 영문인지 곧바로 그곳(호키국)에서 내보냈습니다. 따라서 안용복은 일본에 간 역관이 돌아온 뒤에 처벌해야 합니다."

이에 좌의정 윤지선이 동의했으나, 형조판서 김진귀는 처벌을 서두르자는 의견을 낸다.

"신이 영상(영의정)의 말에 따라 우의정 서문중에게 가서 물었더니, '이 일은 관계되는 바가 가볍지 않다. 예전부터 교린에 관한 일은 처음에는 작은 듯하다가 끝에 가서는 매우 커진다. 쓰시마에서 안용복의 일을 알게 되면, 조선에 원한을 품을 것이니 우리가 먼저 알려야 한다. 그런 후 안용복 등을 가두고서 저들의 소식을 기다린 뒤에 판단해야 할 것이다' 하고, 판부사 신익상은 '쓰시마에 알리는 것은 마땅히 해야 하나, 그들의 답을 들은 뒤에 처치하면 명령을 받아 시행한 것이나 다름없다. 따라서 통보하는 동시에 처단하는 것이 마땅할 듯하다'고 했습니다."

이에 임금이 신하들에게 물으니, 모두 입을 모아 말했다.

"안용복의 죄상은 용서하기 어렵습니다. 먼저 쓰시마 태수에게 통보하고, 그런 뒤에 정세를 살펴가며 처벌을 논하는 것이 마땅합니다."

임금이 말했다.

"안용복의 죄는 결코 용서할 수 없고, 쓰시마에 통보하지 않을 수도 없다. 건너간 역관이 돌아온 뒤 처치하는 것이 옳겠다."

유상운이 이 문제에 관해 남구만과 윤지완에게 자문하기를 청하니, 임금이 윤허했다. 유상운이 말했다.

"이인성은 상소를 지었으므로 그 죄가 또한 무거우나, 주범과 종범을 가린다면 이인성은 종범이니, 한 단계 낮은 벌을 내리는 것이 마땅합니다. 나머지는 고기잡이하러 갔을 뿐이니, 논하지 않는 것이 마땅합니다."

이에 임금이 윤허했다.

첫 논의에서는 안용복을 중죄인으로 보고 엄벌해야 한다는 의견이 쏟아졌다. 반면 보름 뒤 재논의에서는 상황이 바뀐다. 여전히 처형해야 한다는 의견이 강했지만, 남구만과 윤지완을 중심으로 안용복의 공을 강조하며 그를 변호하는 의견이 대두된 것이다.

숙종 22년(1696) 10월 13일
남구만과 윤지완이 안용복을 변호하다

좌의정 윤지선이 말했다.

"안용복의 일을 다른 대신에게 물었더니, 영돈령부사 윤지완은 '안용복은 사사로이 다른 나라에 가서 외람되게 나라의 일을 말했습니다. 혹시라도 조정의 대리인처럼 행세했다면 마땅히 죽여야 합니다. 다만 쓰시마가 전부터 우리를 속여올 수 있었던 것은 조선이 막부와 소통하지 못했기 때문입니다. 그런데 안용복으로 인해 다른 방도가 있음을 알았으니, 분명 크게 두려워할 것입니다. 이런 형편에 안용복이 주살되었다는 소식을 들으면, 또 그 방도가 영원히 막혔음을 기뻐할 것입니다. 따라서 안용복을 죽이는 것이 법으로는 옳지만 계책으로는 그릇됩니다. 법을 폐기하는 것은 진실로 불가하지만 계책을 잃는 것 역시 아깝습니다'라고 했습니다.

또 영중추부사 남구만은 '안용복이 계유년(1693)에 울릉도에 갔다가 왜인에게 붙잡혀 호키국에 들어갔더니, 거기서 울릉도는 영구히 조선에 속한다는 공문을 발급해주었고, 선물도 많이 받았답니다. 그런데 쓰시마를 거치며 그 공문과 선물을 모두 빼앗겼다 했습니다. 그때만 해도 그의 말을 믿지 않았습니다. 그런데 이번에 안용복이 다시 호키국에 가서 올린 글을 보면 그 말에 신빙성이 있습니다.

안용복이 조정의 금지령에도 불구하고 다시 일본에 가서 사달을 일으킨 죄는 진실로 죽음을 면치 못할 것입니다. 그러나 그 덕분에 쓰시마의 왜인이 울릉도를 죽도라 우기고, 막부의 명이라 거짓으로 핑계대어 우리 백성들이 울릉도에 왕래하는 것을 금지시키려 중간에서 농간을 부린 정황이 명명백백히 드러났습니다. 이는 안용복의 공이며, 통쾌하고 장한 일입니다.

안용복의 유무죄를 가리고 처벌을 정하는 것은 천천히 논의해도 됩니다. 하지만 울릉도를 가지고 우리를 농락하고 속인 것은 그냥 넘길 수 없습니다. 이 기회에 동래부를 통해 쓰시마에 분명히 따져 물어야 합니다. 저들이 승복하지 않는다면, 우리 조정은 다음과 같은 글을 보내어 물어야 합니다.

'너희가 두 나라 사이에서 모든 일을 처리함에 이렇게 신의가 없으니, 풍랑에 표류한 안용복이 국서도 없이 스스로 글을 지어 올렸다는 이야기를 진실로 믿을 수 없다. 조선 조정에서 따로 사신을 막부에 보내어 그 내용을 살피고자 하는데, 너희는 어떻게 생각하는가?'

이러면 쓰시마의 왜인은 반드시 두려워할 것입니다. 그런 뒤에 안용복의 죄를 논해 처분하고, 울릉도의 일은 왜인이 감히 다시 입을 열지 못하게 하면, 교활한 그들이 우리를 시험하려는 태도를 조금이나마 버릴 것이니, 이것이 상책입니다.

그렇게 할 수 없다면, 동래부에서 쓰시마 태수에게 글을 보내 먼저 안용복이 마음대로 글을 올린 죄를 말하되, 저들이 본토에 가서 울릉도를 죽도라고 거짓 칭한 잘못을 지적해야 합니다. 그렇게 이치를 가려 타이르고 조사하고서 그 회답을 받은 뒤에 처분하는 것이 옳고, 안용복을 단죄한다는 뜻은 결코 말해서는 안 됩니다. 이것이 중책입니다.

쓰시마가 간사한 술책으로 우리를 속인 일은 그냥 둔 채 안용복의 죄만 물어 죽인다면, 쓰시마 태수에게만 이로울 뿐 약한 모습을 보이는 것입니다. 태수도 속으로는 좋아하겠지만, 겉으로는 우리에게 고마워하지 않을 것입니다. 이후로도 툭하면 안용복의 일을 우리에 대한 모욕과 협박의 근거로 삼을 것입니다. 또 여차하면 울릉도의 일을 들먹이며 사람을 보낼 터인데, 이를 어찌 감당하겠습니까? 이것은 하책입니다'라고 했습니다.

　바깥 대신들의 뜻은 모두 안용복을 죽이는 것을 옳지 않다 하나, 그렇다고 남구만이 말한 상책은 쉽사리 선택하기 어려울 듯합니다. 안용복을 처벌하지 않고 오로지 쓰시마를 꾸짖으면, 마치 조정이 시킨 듯할 것이니, 안용복·이인성은 가두었다가 영상(영의정)이 입궐한 뒤 처리하고, 나머지는 석방해야 하겠습니다."

　이에 임금이 말했다.

　"영상이 나온 뒤에 그와 상의해 처리하고, 나머지 사람들은 먼저 풀어 주어라."

　지사 신여철이 나서서 안용복을 변호했다.

　"안용복의 일은 매우 놀랍기는 하나, 국가에서 못하는 일을 그가 능히 해냈으므로 공로와 죄과가 서로 덮을 만합니다. 하나의 죄로 단정할 수 없겠습니다."

　그러자 윤지선이 반박한다.

　"안용복을 죽이지 않으면 다른 나라에서 소동을 일으키는 간사한 백성이 늘어날 것입니다. 어찌 살려둘 수 있겠습니까?"

임금이 다시 말했다.

"영상이 출사한 뒤에 처리하라."

숙종 23년(1697) 3월 27일
안용복의 감형을 명하다

영의정 유상운이 말했다.

"안용복은 법으로 마땅히 주살해야 하는데, 남구만·윤지완이 모두 가벼이 죽일 수 없다고 했습니다. 또 그사이 쓰시마에서 서신을 보내와 자백했습니다. 그들의 죄를 전 태수(소 요시쓰구)에게 돌리고, 울릉도에는 왜인의 왕래를 금지시켜 다른 문제가 없다고 합니다. 이렇듯 변덕스러운 처신엔 이유가 있을 것이기에 안용복을 먼저 처벌할 수 없다고 한 것입니다. 남구만과 윤지완은 아마도 왜인의 기를 꺾어 자백시킨 것을 안용복의 공이라 본 듯합니다."

임금도 그렇게 여겨 사형을 면제하고 대신 유배에 처하도록 명했다. 사헌부에서 여러 번 재고를 요청하며 극형을 주장했으나, 임금은 따르지 않았다.

조선에서 진행된 안용복의 마지막 재판은 한 편의 법정 드라마다. 안용복 개인의 목숨이 달린 절체절명의

재판일뿐더러 단순 국경이탈이나 밀입국 소동으로 취급받아온
그의 도일이 울릉도 영유권을 탈환해온 결정적 사건임을,
나아가 조선이 일본과의 외교 관계를 재설정하는 계기임을
고스란히 보여주기 때문이다. 양반도 아니고 그 어떤 든든한
배경도 갖지 못한 안용복이지만, 그 활약상이 드러난 이상
조정에서도 그를 사형에 처할 수는 없었던 것이다.

재판 이후

◇◇◇◇◇◇◇◇◇◇◇◇◇◇◇◇◇

울릉도 일대의 경계를 강화하다

이후 조선 조정은 울릉도와 독도의 영유권을 분명히 하며 체계적 관리에 돌입한다. 또한 쓰시마번과의 서신 교환을 통해 안용복의 2차 도일 사건을 마무리한다.

숙종 23년(1697) 4월 13일
조선 조정의 울릉도에 관한 조치

유상운이 말했다. "울릉도에 관한 일은 이제 명백하게 결정되었으니, 틈틈이 사람을 보내어 순시하고 단속해야 합니다."

이에 임금이 2년마다 순시를 명했다.

동래관(초량왜관)을 통해
쓰시마번에 보낸 서한

조선국 예조참의 이선부는 일본국 쓰시마 형부대보 소 요시자네 합께 서한을 올립니다. 봄기운이 화창한 날, 멀리서 평안하시다는 소식을 들으니 참으로 위안이 됩니다.

사신이 귀주(쓰시마)에서 돌아와 전달해주신 내용을 자세히 전해 자초지종을 알게 되었습니다. 울릉도는 조선 땅임이《동국여지승람》에 수록되어 있어 증거가 분명할 뿐 아니라 그곳에서는 멀고, 이곳에서는 가까우니 국경의 경계는 분명합니다. 귀주 역시 울릉도와 죽도가 하나의 섬임을 잘 알고 있었으니, 비록 그 이름이 다르다 해도 우리 땅임은 한가지입니다.

귀국에서 사람들이 영구히 어업과 채취를 하지 못하도록 명령을 내렸으니, 그 뜻이 분명합니다. 이를 오래도록 유지한다면 다행스럽고도 다행스러울 것입니다. 우리나라 역시 관리에게 명령하여, 때때로 단속하고 살펴보아 두 나라 백성이 함께 머무는 일이 없도록 할 것입니다.

작년의 표류민 사건(안용복의 2차 도일)은, 뱃일을 생업으로 삼은 바닷가 백성들이 심한 풍랑에 떠밀려 먼 바다까지 나아갔다가 표류 끝에 귀국으로 들어간 것입니다. 이를 어찌 법을 어겨 다른 곳으로 들어갔다고 의심할 수 있겠습니까? 만일 바친 글처럼 망령된 죄를 저질렀다면, 유폐와 사형의 죄를 물을 것입니다. 또 징계할 것이 있다면 따로 바닷가에 명령을 내릴 것입니다.

더욱 업무를 성실히 추진해 국경 주변에서 이런 일의 재발을 막는 것이야말로 우리 모두의 바람입니다. 사신에게 직접 말씀하셨다고 하나 따로 서신을 보내지 않았으니, 아마도 지난 약속을 떠올리며 더 이상 보내지 않으시려는 듯합니다. 이에 우선 이 서한에 뜻을 펼쳐 동래관으로 보내 전하도록 조치하니, 너그러이 양해 바랍니다.

이만 줄입니다.

무인년(1698) 3월
예조참의 이선부

쓰시마번의 답서

일본국 쓰시마 형부대보 소 요시자네는 조선국 예조참의께 받들어 답합니다.

지난번 서한을 받고 귀국이 화평하심을 알게 되어 참으로 기쁩니다. 깨우침을 받들어 지난해 역관이 건너왔을 때 직접 만나 죽도에 관한 의견을 나누었고, 이렇듯 서로 사정을 이해함으로써 두 나라가 영원토록 우의를 나눌 뜻을 성실히 보였습니다. 참으로 다행스럽고 또 다행스럽습니다. 보여주신 뜻은 막부에 전달했습니다. 이 서한에는 나머지 내용을 대략 써서 왜관을 통해 전하도록 하겠습니다.

쌀쌀한 봄 날씨에 더욱 조심하시기 바라며 살펴주시길 바랍니다. 이만 줄입니다.

원록12년(1699) 1월

쓰시마 형부대보 소 요시자네

7년에 걸친 안용복의 일대기는 이렇게 마무리된다. 이후의 이야기는 알려진 바 없다. 귀양살이를 잘 견뎌내고 자유의 몸이 되어 동해 바다를 누볐길 바라지만, 유배지에서 건강이 상하거나 목숨을 잃었을지도 모를 일이다. 그렇다면 그는 두 번째 도일을 후회했을까? 10만 대군으로도 엄두를 못낼 일을 하고도 상은커녕 중죄인으로 처벌받았으니 원통해할지도 모를 일이다.

그러나 안용복은 자신의 이불리를 따져서 바다를 건너지 않았다. 뒷일을 계산하지도 않았다. 겉과 속이 다르지 않은 사람에게 중요한 것은 상벌이 아니라 뜻이다. 안용복은 자신의 뜻을 이뤘다. 마지막으로 인용할《영조실록》의 기사가 이를 증명한다.

영조 11년(1735) 1월 13일
흉년에도 울릉도의 수색 토벌을 멈추지 아니하다

강원도 감사 조최수가 아뢰었다. "울릉도의 수색 토벌을 금년에 마땅히 해야 하지만 흉년에 폐단이 있으니, 청컨대 이를 정지하도록 하소서."

　이에 김취로 등이 말했다. "지난 정축년(1697)에 왜인들이 이 섬을 달라고 청했을 때 조정에서 엄하게 배척하고, 장한상을 보내어 그 섬의 모양을 그려서 왔습니다. 또 3년에 한 번씩 가 보기로 정했으니, 이를 정지할 수가 없습니다."

　이에 임금이 김취로 등의 말을 옳게 여겼다.

영조 45년(1769) 11월 29일
울릉도 경계에 태만한 지방관을 엄벌하다

홍봉한이 말했다. "울릉도는 지역이 왜인의 경계와 가깝기 때문에,

울릉도·독도 일대를 순시하는 조선 수군

그곳의 산물을 사사롭게 취하는 것을 금하는 법의 뜻이 매우 엄중
합니다. 근래에 듣건대 그 섬의 인삼과 물자가 근처 고을에서 두루
거래되다가 적발되어 압수한 것이 많이 있다고 합니다. 이는 지방
관이 어두워서 살피지 못한 것이니 참으로 놀랍습니다. 청컨대 삼
척 부사 서노수를 잡아다 추문해서 엄중하게 조처하소서."

　이에 임금이 그대로 따랐다.

역사 돋보기

《성호사설》의 안용복론

조선 후기의 실학자 성호 이익은 《성호사설》(1760)에서 울릉도와 안용복의 일대기를 길게 언급한다. 그 글에는 《조선왕조실록》을 비롯한 역사서·자료와 비교해 사실관계가 다른 이야기가 많고, 그 해석에 있어서도 적잖은 간극을 드러낸다. 《성호사설》은 당대의 실학자가 쓴 백과사전이자 일종의 에세이로, 역사서나 공적 자료가 아니기에 그 내용을 《안용복 재판정 참관기》에 직접 인용하지는 않았다. 다만 독자 여러분의 생각에는 도움이 될 듯해 부록으로 첨부해둔다.

✦ 울릉도와 안용복

울릉도는 동해 가운데 있는데, 우산국이라고도 한다. 육지에서 거리가 700리 내지 800리쯤 되며, 강릉·삼척 등지의 높은 곳에 올라가 바라보면 세 봉우리가 가물거린다.

신라 지증왕 12년(511)에 그곳 주민들이 힘을 믿고 복종하지 않자, 하슬라주의 군주 이사부가 나무로 만든 사자의 위력으로 이를 정복했으니, 하슬라는 지금의 강릉이다.

고려 초기에 방물을 바친 일이 있으며, 의종 11년(1157)에 김유립을 울릉도에 보내어 탐사하게 했는데, 산마루에서 바다까지 동쪽으로 1만여 보요, 서쪽으로 1만3000보이며, 남쪽으로 1만5000보요, 북쪽으로 8000보였다. 빈 마을 터 일곱 곳이 있었는데, 그곳에는 석불·철종·석탑이 있었으며, 땅에는 바위가 많아 사람이 살 수 없었으니, 이때에 벌써 공허지가 되었던 것이다.

조선시대에 죄인들이 도망해와서 사는 자가 많으므로 태종과 세종 때에 낱낱이 수색하여 모두 잡아온 일도 있었다.

《지봉유설》에 "울릉도는 임진왜란 후에 왜적의 분탕과 노략질을 겪어 다시 인적이 없었는데, 근자에 들으니 왜적이 의죽도를 점거했다 하며, 의죽도는 곧 울릉도라고 한다" 했다.

왜인들이 어부 안용복이 월경한 일로 와서 쟁론할 때 《지봉유설》과 예조의 회답 가운데 '귀국의 경계'니 '죽도'니 하는 말이 있는 것으로 트집을 잡았다.

조정에서 무신 장한상을 울릉도로 보내어 살피게 했는데, 그의 보고에 따르면 "남북은 70리요, 동서는 60리이며 나무는 동백·자단·측백·황벽·괴목·유자·뽕나무·느릅나무 등이 있고, 복숭아·자두·소나무·상수리나무 등은 없습니다. 새는 까마귀·까치가 있고, 짐승은 고양이와 쥐가 있습니다. 물고기로는 강치(바다사자)가 있는데 바위틈에 서식하며 비늘은 없고 꼬리가 있습니다. 몸은 물고기와 같고 다리가 넷인데, 뒷다리는 아주 짧아 육지에서는 빨리 달리지 못하나 물에서 나는 듯이 빠릅니다. 소리는 어린아이와 같으며 그 기름은 등불에 사용합니다"라고 했다. 이에 조정에서 누차 서신을 주고받으며 무마시켰던 것이다.

나는 생각건대, 이 일은 담판 짓기 어려울 것이 없다. 그 당시에, "울릉도가 신라에 예속된 것은 지증왕 때부터 시작된 일이며, 그 당시 귀국은 게이타이繼體 6년(512)이었는데 위세와 덕이 멀리까지 미친 일이 있는지 나는 들은 적이 없다. 따져볼 만한 기록이 역사에 있는가?

고려로 논한다면 혹은 방물을 바친 적이 있으며 혹은 그 섬을 비운 일도 사기에 기록이 끊어진 적이 없었는데, 1000여 년을 내려 온 오늘에 와서 무슨 이유로 갑자기 이 분쟁을 일으키는가?

우릉도라고 하든 의죽도라고 하든, 어느 칭호를 막론하고 울릉도가 우리나라에 속하는 것은 너무나도 분명한 일이며, 그 부근의 섬 또한 울릉도의 부속에 지나지 않는 것이다.

또한 귀국과는 거리가 멀리 떨어졌는데, 그 틈을 타서 점령한 것은 이치에 어긋난 일이니, 자랑할 말이 못 되는 것이다. 설령 중간에 약탈했다고 하더라도 두 나라가 신의로써 화친을 맺은 후에는 옛 경계에 맞춰 서둘러 돌려주어야 할 것인데, 하물며 일찍이 귀국의 영토가 아니었다면 무슨 말이 더 필요할까?

이미 우리나라의 강토인 이상 우리 백성들이 왕래하며 고기잡이하는 것이 마땅한 일인데 귀국이 무슨 관여할 권리가 있는가?"라고 왜 하지 않았는가? 이와 같이 말했다면 저들이 비록 간사할지라도 다시 입을 열지 못했을 것이다.

안용복은 동래부 전선에 예속된 노군이니, 왜관에 출입하여 왜어에 능숙했다. 숙종 19년(1693) 여름에 풍랑으로 울릉도에 표류했는데, 왜선 일곱 척이 먼저 와서 섬을 다투는 분쟁이 일고 있었다. 이에 용복이 왜인들과 언쟁하니, 왜인들이 노하여 잡아가지고 오랑도(오키국)로 돌아가 구금했다.

용복이 태수에게 "울릉·우산은 원래 조선에 예속되어 있으며, 조선은 가깝고 일본은 멀거늘 어찌 나를 구금하고 돌려보내지 않는가?" 하니, 태수가 호키국으로 올려보냈다.

이에 호키국 태수가 손님으로 대우하고 많은 은자를 주니 모두 사양하고 받지 않았다. 태수가 "그대가 하고자 하는 것은 무엇인가?" 하니 용복이 전후 사실을 말하고 이르기를, "침략을 금지하고 이웃 나라끼리 친선을 도모함이 소원이다"라고 했다. 그러자 호키국 태수가 이를 승낙하고, 막부의 허락을 받아 계권(계약서)을 발급해주며 돌아가게 했다.

이에 출발해 장기도(나가사키)에 이르니 그곳 태수가 쓰시마와 한통속이 되어 계권을 빼앗고, 쓰시마로 압송했다. 쓰시마 태수가 또 구금하고 막부로 보고하니, 막부에서 다시 서계를 보내어 울릉·우산 두 섬을 침략하지 못하게 했으며, 또 조선으로 호송하라는 지령이 있었다. 그런데 쓰시마 태수는 다시 그 서계를 빼앗고 50일간 구금했다가 동래부 왜관으로 보냈는데, 왜관에서 또 40일을 머물다가 겨우 동래부로 돌려보냈다.

이에 용복이 이 사실을 모두 호소하니, 부사가 상부에 보고하지도 않고 월경한 일로 2년의 형벌을 내렸다. 을해(1695) 여름에 용복이 울분을 참을 수 없어 떠돌이 승려 5인과 사공 4인과 함께 배를 타고 다시 울릉도에 이르니, 우리나라 상선 세 척이 먼저 와서 정박하고 고기를 잡으며 대나무를 벌채하고 있었는데, 왜선이 마침 당도했다. 용복이 여러 사람을 시켜 왜인들을 포박하려 했으나 여러 사람들이 두려워해 쫓지 않았으며, 왜인들이 "우리들은 송도에서 고기잡이를 하다가 우연히 이곳에 왔을 뿐이다" 하고 곧 물러갔다. 용복이 '송도도 원래 우리 우산도'라 하고 이튿날 우산도로 달려가니, 왜인들이 돛을 달고 달아나거늘 용복이 뒤쫓아 오키국을 거쳐 호키국에까지 이르렀다.

이에 태수가 나와 환영하거늘, 용복이 울릉도 수포장이라 자칭하고, 가마를 타고 들어가 태수와 대등한 예로 대하고 전후의 일을 소상히 말했다.

그리고 또 "우리나라에서 해마다 쌀 1석에 반드시 15두요, 면포 1필은 35척이며, 종이 1권에 20장으로 채워 선물로 보냈는데, 쓰시마에서 빼먹고 쌀 1석은 7두, 면포 1필에 20척, 종이는 3권으로 깎아 막부로 올려보냈으니, 내가 장차 이 사실을 관백에게 곧장 전달해 그 죄상을 다스리게 하겠소" 하고 동행 가운데 글에 능통한 자를 시켜 소장을 지어 태수에게 보여주었다.

쓰시마 태수의 부친된 자가 이 말을 듣고 호키국에 달려와 용서해주기를 애걸하므로, 그 일은 이로써 결말을 지었다. 그리고 과거의 일을 사과하고 돌려보내며, "섬을 가지고 다툰 일은 모두 그대의 말대로 준행할 것이요, 만약 이 약속을 어기는 자가 있으면 마땅히 중벌에 처하겠소"라고 했다.

8월에 양양에 다다르니, 방백이 장계를 올려 이 사실을 보고하고 용복 등 일행을 서울로 압송했다. 여러 사람의 공초가 한결같이 나오니, 조정의 의론이 월경해 이웃 나라와 분쟁을 일으켰다는 죄목으로 참형에 처하려 했다.

오직 영돈령부사 윤지완이 "용복이 비록 죄는 있으나 쓰시마가 예전부터 속여온 것은 우리나라가 막부와 직통하지 않은 때문이었습니다. 이제 이렇게 통하는 길을 알았으니 쓰시마에서 반드시 두려워할 것인데, 오늘날 용복을 참형에 처하는 것은 국가의 좋은 계책이 아니옵니다"라고 했다.

또 영중추부사 남구만은 "쓰시마에서 속여온 일은 용복이 아니면 탄로나지 않았을 것이니, 그 죄상의 유무는 아직 논할 것이 없고, 섬을 다투는 일에 대해서는 이 기회에 밝게 변론하고 준엄하게 물리쳐야 합니다. 그런즉 쓰시마에 서한을 보내 '조정에서 장차 막부에 직접 사신을 보내어 그 허실을 탐지하겠다' 한다면 쓰시마에서 반드시 크게 두려워하며 죄를 자백할 것입니다. 그런 후에 용복의 일은 그 경중을 논의하더라도 늦지 않을 것이니, 이것이 상책입니다. 그렇지 않다면 동래부를 시켜 쓰시마에 서한을 보내 먼저 용복이 임의로 글을 올린 죄상을 말하고, 다음에 울릉도를 죽도라고 칭한 것과 공문을 탈취한 쓰시마 태수의 과실을 밝혀 그 회답을 기다릴 것이되, 용복을 죄줄 뜻은 서한에 담지 않을 것이니, 이는 중책입니다. 만약 쓰시마가 속여온 죄상을 묻지도 않고 먼저 용복을 죽여 저들의 마음을 기쁘게 해준다면 저들이 이를 구실로 삼고 우리를 업신여기며 우리를 협박할 것이니, 장차 어떻게 감당하겠습니까? 이것이 하책이옵니다"라고 했다.

이에 조정에서 중책을 채용하니, 쓰시마 태수가 과연 자백하며 허물을 전 태수에게 돌리고 다시 울릉도에 왕래하지 않았으며, 조정에서는 용복을 극형에서 감해 변방으로 귀양보냈다.

나는 생각건대, 안용복은 영웅호걸이다. 미천한 일개 군졸로서 만

이익의 《성호사설》(성호박물관 소장). 성호는 이익의 호이고, 사설은 '잔소리, 보잘것없는 말'이라는 뜻이다. 소박한 제목과 달리 당대의 실학자가 평생 공부한 내용과 제자들과 문답 등을 묶은 책으로, 백과전서적 작품이다.

번 죽음을 무릅쓰고 국가를 위하여 강적과 겨루어 간사한 마음을 꺾어버리고, 여러 대를 끌어온 분쟁을 그치게 했으며, 한 고을의 토지를 회복했으니 영특한 자가 아니면 할 수 없는 일이다.

그런데 조정에서는 상을 주기는커녕 형벌을 내리고 뒤에는 귀양을 보내 꺾어버리기에 주저하지 않았으니, 참으로 애통한 일이다.

울릉도가 비록 척박하다고 하나, 쓰시마 또한 한 조각의 농토가 없는 곳으로서 왜인의 소굴이 되어 갈수록 우환거리가 되고 있는데,

울릉도를 빼앗긴다면 이는 또 하나의 쓰시마가 되는 것이니 앞으로 오는 재앙을 어찌 이루 말하겠는가?

이로써 논하건대, 용복은 한 세대의 공적을 세운 것에 그치지 않는다. 용복과 같은 자는 국가의 위급한 때에 맞서 발탁해 장수급으로 등용하고 그 뜻을 행하게 했다면, 그 이룩한 바가 어찌 이에 그쳤겠는가?

– 《성호사설》, 〈천지문天地門〉

참고문헌

《안용복과 '죽도일건'》, 김호동, 경인문화사.

《죽도기사 I, II》, 경상북도.

《울릉도·독도 일본 사료집 I, II, III》, 동북아역사재단.

《죽도고 상·하》, 오카지마 마사요시 지음, 권혁성 옮김, 인문사.

《근세 한일관계 사료집 1, 2》, 동북아역사재단.

《죽도문담》, 오오니시 토시테루·권오엽 편, 한국학술정보.

《하치에몽과 죽도 도해 금지령》, 모리스 가즈오 지음, 김수희 옮김, 지성인.

《원록각서》, 오오니시 토시테루·권오엽 편, 제이앤씨.

《사료가 증명하는 독도는 한국 땅》, 이상태, 경세원.

《독도강치멸종사》, 주강현, 서해문집.

《일본이 기억하는 조선인 안용복》, 김병우, 지성인.

《우산도는 왜 독도인가》, 이기봉, 소수.

《수강사지: 울릉도 독도 지킴이 안용복 장군 사당》, 안용복장군기념사업회, 안용복장군 기념사업회.

《조선왕조실록》, 한국고전번역원.

《성호사설》, 한국고전번역원.

《민족문화대백과사전》, 한국학중앙연구원.

〈쓰시마번對馬藩 무역서貿易署의 해체 과정에 대한 연구〉, 김민, 《일본비평》27호.